Franz Kamphaus

Den Glauben erden

Franz Kamphaus

Den Glauben erden

Zwischenrufe

Mit einer Einführung von Gotthard Fuchs

HERDER

FREIBURG · BASEL · WIEN

Zugunsten des Bischöflichen Hilfswerkes Misereor

www.herder.de

Register: Stefanie Knauß
Umschlaggestaltung: Finken & Bumiller

Druck und Bindung: Freiburger Graphische Betriebe 2001
www.fgb.de
Gedruckt auf umweltfreundlichem,
chlor- und säurefrei gebleichtem Papier.
Printed in Germany

ISBN 3-451-27601-1

Inhalt

Auf der Suche nach dem Evangelium 9
Eine Einführung (Gotthard Fuchs)
Der kategorische Indikativ · Zeitansagen · Stets der Erneuerung bedürftig · Mystik und Politik · Der Poverello

Den Armen das Evangelium verkündigen 29
Der erste Hirtenbrief als Bischof von Limburg (1982)
Gemeinsam unterwegs · Das Leitwort · Das Evangelium leben

WEM WIR GLAUBEN

Wer wir sind 34
Hirtenbrief zur österlichen Bußzeit 2000
Die Würde jedes Menschen ist unantastbar
Unsere Welt ist Gottes gute Schöpfung
Gewalt ist keiner der Namen Gottes · Goldadern der Hoffnung

Der Gott, an den wir glauben 39
Hirtenbrief zur österlichen Bußzeit 1983
Zwischen Gott und Götze · Drei Lebensfragen · Gott suchen

Warum Christen beten 45
Hirtenbrief zur österlichen Bußzeit 1999
Beten und Handeln · Beten als Ausdruck von Freiheit
Meditation statt Gebet? · Lernorte des Betens

Das Risiko der Freiheit 50
Hirtenbrief zur österlichen Bußzeit 1987
Inbegriff des Lebens · Gott bürgt für Freiheit
Adam, wo bist du? · Bohrende Fragen

»Nach Gottes Ordnung und in Gottes Freiheit« – das christliche Gewissen 55
Hirtenbrief zur österlichen Bußzeit 1995
Gewissen – was ist das? · Gewissen und Weisung
Gewissen und Kirche

MITEINANDER KIRCHE SEIN

Ja zur Kirche 62
Hirtenbrief zur österlichen Bußzeit 1991
Nach dem Konzil · Die Kirche ist nicht Gott · Weg zum Ziel

Das Sakrament der Taufe 66
Hirtenbrief zur österlichen Bußzeit 1990
Was tun? · »... wie neu geboren« · Pro und Contra · Zur Taufpraxis

Lasst euch versöhnen mit Gott 71
Hirtenbrief zur österlichen Bußzeit 1984
Unsere Schatten · Im Schatten des Baumes · Vergebung

Unser Sonntagsgottesdienst 76
Hirtenbrief zur österlichen Bußzeit 1998
Unersetzlich · Kirchlicher Notstand · Wort-Gottes-Feiern
Das Herzstück der Kirche

Berufung 81
Hirtenbrief zur österlichen Bußzeit 2001
Ins Leben gerufen · Der Lebenswahrheit folgen
Abenteurer des Glaubens · Nachfolge weckt Nachfolger

Als Priester in der Gemeinde Jesu Christi 86
Hirtenbrief zur österlichen Bußzeit 1986
Geschmack an Gott · Der gemeinsame Weg · Denkanstöße
Wer ist gefragt?

Caritas und Gemeinde 92
Hirtenbrief zur österlichen Bußzeit 1993
Die Wunden als Ort der Gottesbegegnung
Caritas – haupt- und ehrenamtlich · Diakonische Gemeinde

Gemeindeleitung in Kooperation 97
Hirtenbrief vom Oktober 1991
Traditionsbruch · Zusammenspiel der verschiedenen Dienste
Differenzierungen · Eigenverantwortung

LERNORTE DES GLAUBENS

Der Jugend zugewandt 104
Hirtenbrief zur österlichen Bußzeit 1988
Unterbrochener Staffellauf · Sich zuwenden
Ein Herz für die Jugend · Zukunftsfähigkeit

Mutter Kirche und ihre Töchter 109
Hirtenbrief zur österlichen Bußzeit 1989
»Als Mann und Frau schuf er sie« · Bild Gottes · Voneinander lernen

Familie – Lernort des Lebens, Lernort des Glaubens 114
Hirtenbrief zur österlichen Bußzeit 1996
Ein Dach über'm Kopf · Glauben hat Hand und Fuß
Was ist uns die Familie wert?

Das Miteinander der Generationen 119
Hirtenbrief zur österlichen Bußzeit 1997
Generationenverbund
Die Spannweite der Bibel · Kirche als Lebenshaus

Der Dom an der Autobahn – Sinnbild und Herausforderung 124
Hirtenbrief zur österlichen Bußzeit 1985
Ein Vermächtnis · Raum zum Aufatmen
Zwischen Dom und Autobahn

GERECHTIGKEIT FÜR ALLE

Umkehr zur Solidarität 130
Hirtenbrief zur österlichen Bußzeit 1994
Risse im Wohlstand · Eine kopernikanische Wende
Was alles möglich ist

Hunger und Durst nach Gerechtigkeit 135
Hirtenbrief zur österlichen Bußzeit 1992
Entdeckungen · Ein Fasten nach dem Herzen Gottes
Sehen – Urteilen – Handeln · Mit den Augen der Opfer

Heimat in der Fremde 140
Hirtenbrief vom September 1986 zur Asylantenfrage
Angst vor dem Fremden · Gottes Erwartung · Eine Welt
Was können wir tun?

Wir lassen euch nicht allein145 145
Hirtenbrief vom Advent 1998 zur Schwangerenkonfliktberatung
Sehen, was ist · Tun, was dem Leben dient · Aufklären und beistehen

Den Krieg besiegen 149
Hirtenbrief vom Fastnachtssonntag 1991 zum Krieg am
Persischen Golf · Anfragen · Was der Glaube wagt
Gerechter Krieg? · Fasten und Beten

Zur Person: Franz Kamphaus 155

Bibelstellenregister 157
Personen- und Sachregister 158

Auf der Suche nach dem Evangelium

Eine Einführung

»Es ist in der Tat die westliche Welt, hervorgegangen aus dem biblischen Wort, die das wissenschaftliche, moderne und säkularisierte All hervorgebracht hat. Und deshalb ist die Krise dieser Welt eine solche des Glaubens. Der westliche Atheist ist ein geprüfter Gläubiger (Es besteht ein großer Unterschied zwischen einem westlichen Atheisten und den Atheisten des vorchristlichen Altertums oder der verschiedenen Atheismen asiatischer Völker, Buddhisten und anderer, denn die kulturelle Umwelt ist eine ganz andere). Die Krise unseres Jahrhunderts, soweit sie vom Triumph des Westens lebt, ist eine Kollektivkrise des Christentums selbst. Ich bin ernstlich der Meinung, dass die westliche Krise, die wie eine Krankheit die ganze Welt ergriffen hat – keine übrigens einfachhin schlechte Krise –, von uns Christen allein gelöst werden kann. Ich sage nicht: ›Wir, die Abendländer‹, sondern einzig Glaubende können helfen, die Krise zu bewältigen, weil nur sie verstehen, wo der Ursprung und der Schlüssel liegen. Das heißt nicht, wir hätten die persönliche Fähigkeit dazu, wohl aber, dass wir die Frage korrekt stellen können« (Jean-Marie Lustiger, Wagt den Glauben, Johannes Verlag Einsiedeln 1986, 125f).

Diese Notiz des damaligen Pariser Studentenpfarrers Lustiger, vor etwa 20 Jahren entstanden, kann gut als Ortsangabe und Zeitindex gelten für die folgenden Hirtenbriefe, die Franz Kamphaus genau seit dieser Zeit veröffentlicht hat. Geht es doch um die Identität des Christlichen: Wie sähe eine Welt ohne Glauben aus? Was würde uns fehlen, wenn uns das Evangelium fehlte? Die Hirtenbriefe erwachsen ersichtlich aus dem Bewusstsein einer radikalen Umbruchssituation, auf die es geistlich und theologisch zu reagieren gilt. Hirtenbriefe sind stets situationsbezogen und haben einen historischen und kommunikativen Kontext. Aus jahrelanger Zusammenarbeit weiß ich, wie sehr Bischof Kamphaus darum bemüht ist, im Hinhören auf die Lebenssituation der Mitmenschen und die Kompetenz der Fachleute den jeweiligen Hirtenbrief so zu konzipieren, dass sich die angesprochenen Menschen darin mit ihren Fragen und Erfahrungen wiederfinden. Was für Konzeption und Produktion gilt, gilt auch für die Rezeption: Franz Kamphaus sucht das Gespräch, er lädt die Gemeinden und Mitchristen dazu ein – zumal in der österlichen Bußzeit – und erbittet möglichst intensive Rückmeldungen: Kirche als Erzähl- und Überlieferungsgemeinschaft. »Mit euch bin ich Christ, für euch bin ich Bischof« – diese programmatische Auskunft von Augustinus spiegelt sich in diesen Hirtenbriefen.

Die Texte sind im vorliegenden Band nicht chronologisch geordnet – eine Reihung, für die durchaus viel spräche. Würde so doch noch klarer, wie viel sich in diesen 20 Jahren verändert hat – mit dem Fall der Mauer 1989, mit der fortschreitenden Globalisierung und »Internetionalisierung«. Entsprechend ließe sich zeigen, wie sich Themengefälle und Tonlage der Hirtenbriefe verändern: Je mehr Franz Kamphaus in der Deutschen Bischofskonferenz auch weltkirchliche Verantwortung zu übernehmen hat – schließlich als Vorsitzender der Kommission Weltkirche –, desto stärker rücken jene Themen in den Mittelpunkt, die den christlichen Glauben als ersten Global Player und Global Prayer verstehen: kat-holisch im ursprünglichen Sinn. Zeitindex und Lebenskontext verändern Inhalt, Zielrichtung und Optionalität der Hirtenbriefe – insofern dokumentiert der Band viele Aspekte aus 20 Jahren deutscher Kirchengeschichte.

Die vorliegende Zusammenstellung der bischöflichen Hirtenworte folgt eher inhaltlichen Gesichtspunkten, die es vor dem Hintergrund der Diagnose des heutigen Kardinals Lustiger zu akzentuieren gilt. Spürbar dabei ist stets die maßgebende Orientierung an der Bibel. »Von der Exegese zur Predigt« hieß schon der theologische Erstling von Franz Kamphaus. Grundlegend steht im Mittelpunkt der kategorische Indikativ des Glaubens, das Bekenntnis zur absolut verlässlichen Zuvorkommenheit Gottes, zum alles zentrierenden Primat der Gnade (I). Derart förmlich »mystisch« eingewurzelt in der Treue

Gottes, richten sich alle Bemühungen der Texte darauf, kirchliche Strukturen und gemeindliches Leben zu erneuern und notwendige Wandlungsprozesse im Glauben zu realisieren und zu deuten. Man kann diese ekklesiologische Zeitansage in drei Glaubensbildern der geistlichen Tradition entfalten (II). Sind also Gottes Erbarmen und die Heilssehnsucht der Welt die elliptischen Brennpunkte der homiletischen Bewegung (ganz auf der Linie übrigens der großen Enzyklika »Reich an Erbarmen« von Johannes Paul II.), so ergibt sich gerade daraus ein höchst lebendiges Spannungsverhältnis, in dem Kirchenbindung und Kirchenkritik gleichermaßen wachsen. Wer zwischen den Zeilen zu lesen vermag und zudem die jüngsten Entwicklungen zwischen der deutschen und der römischen Kirche genau verfolgt, stößt immer wieder auf gleichermaßen kirchensolidarische wie kirchenkritische Bemerkungen: ecclesia semper reformanda. Entsprechend gilt es, pathogenen und pathologischen Strukturen in der real existierenden Kirche nachzugehen (III). Gemäß der Diagnose Lustigers, die auf ihre Weise Rahners hellsichtiges Diktum von 1966 aufnimmt, dass der Fromme der Zukunft ein »Mystiker« sei, lassen sich die Hirtenbriefe – produktions- wie rezeptionstheologisch – auch lesen als eine einzige Mystagogie, eine Einweisung ins christliche Leben und Handeln. Diese innere Einheit von Politik und Mystik, von einsamer Gottestreue und gemeinsamer Verantwortung, von Gewissenskonsequenz und politischer Nächstenliebe, gilt es wenigstens anzudenken (IV). Als Bischof Kamphaus sein Amt antrat, war zusammen mit der Veröffentlichung seines Leitspruches (»Den Armen das Evangelium verkündigen«) eine andere Überraschung angesagt: Entschieden verzichtet er bei Unterschriften seitdem auf das sonst üblich gewordene Kreuz vor dem Bischofsnamen. Stattdessen sind alle Hirtenbriefe unterzeichnet mit dem Segenswunsch, dem Tau-Zeichen des heiligen Franz von Assisi. Dieser »letzte Christ« vor der Explosion der kapitalistischen Lebens- und Denkform ist nicht nur nominell der Namenspatron des Bischofs von Limburg, sondern die heimliche (oder unheimliche) Leitfigur, der geistliche Gesprächspartner und Glaubensbegleiter. Dass Bischof Kamphaus in der Auseinandersetzung um die Schwangerschaftskonfliktberatung zwischen der Mehrheit der Deutschen Bischofskonferenz und dem Papst bzw. der Kurie ganz bewusst eine Fußwallfahrt von Assisi nach Rom realisierte (mit gemeinsamer Eucharistiefeier mit dem Papst am Schluss), ist nicht zufällig. Diese für den Bischof von Limburg nicht untypische Symbolhandlung ist in ihrer geistlichen Bedeutung kaum zu überschätzen (V).

Die hier gesammelten Hirtenbriefe sind – das ist für ihr Verständnis nicht unwichtig – in gewisser Weise Fragment. Denn den Texten der 80er Jahre war ursprünglich eine Sammlung weiterer Denkanstöße für jeden Sonntag der österlichen Bußzeit beigegeben. In den 90er Jahren hatte Bischof Kamphaus begonnen, in der Kirchenzeitung seines Bistums jeweils weiterführende Anregungen zu veröffentlichen. Daraus erklärt sich der bisweilen knappe und pointierende Anstoßcharakter der Hirtenbriefe. Es wäre sehr lohnend, das vielfarbige Textgewebe mit seinen geistlichen Mustern auch im Ganzen anzuschauen.

I Der kategorische Indikativ

Im Mittelpunkt des bischöflichen Wirkens von Franz Kamphaus steht, wie programmatisch aus seinem ersten Hirtenbrief ersichtlich und für jeden Christenmenschen nahe liegend, das Evangelium. Das freilich wirksam zu verkündigen, setzt – gleichursprünglich – eine entsprechende Empfänglichkeit, Offenheit und »Armut« voraus. Deutlich soll werden, dass wir uns hier etwas gesagt sein lassen (dürfen und können), das wir uns selbst nicht sagen können – eben das Evangelium des Alten und Neuen Testamentes, die Botschaft von der schlechterdings zuvorkommenden Liebe und Treue Gottes. Deren Maß liegt nicht in unserer Gegenliebe, sondern allein in ihrer Überschwänglichkeit und ihrem Entgegenkommen. Es ist, wortwörtlich, eine Vor-Liebe, die das Neue Testament zum Ehrennamen Gottes macht und zum Auszeichnungskriterium der Christengemeinschaft:

Der, den wir biblisch Gott nennen dürfen, den Einzigen und Einzigartigen – er hat eine förmlich verrückte Vor-Liebe für sein Volk, für die Welt, für die Menschen, für jeden von uns. Und Glauben wäre nichts anderes als dies: im Namen Jesu und in der Kraft seines Geistes diese Vor-Liebe dankend anzunehmen und lebhaft zu erwidern. Im Evangelium betreten wir die Dimension einer Beziehungsgemeinschaft, die mehr und anderes ist als das, was jedem Menschen an Wahrheit, an Gewissen, an Ethik und Moral zumutbar bleibt. Nicht der kategorische Imperativ, der jedem nachdenklichen Menschen auch in der Postmoderne erschwinglich bleiben muss, steht im Mittelpunkt der Glaubensperspektive, sondern der kategorische Indikativ – die reineweg unverdiente und unverdienbare, all unserem Denken und Vermögen zuvorkommende Initiative dessen, den wir Gott nennen und der uns in der Gestalt Jesu einzigartig entgegenkommt. »Die Liebe Gottes wurde unter uns dadurch offenbart, dass Gott seinen einzigen Sohn in die Welt gesandt hat, damit wir durch ihn leben. Nicht darin besteht die Liebe, dass wir Gott geliebt haben, sondern dass er uns geliebt und seinen Sohn als Sühne für unsere Sünden gesandt hat« (1 Joh 4,9f). Gottes Liebe ist schlechterdings zuvorkommend, unverdient und unverdienbar. Das Maß dieser Liebe liegt nicht in unserer Gegenliebe, sondern allein in ihr selbst – im Geheimnis des dreieinzigen, unerschöpflichen und unfassbaren Gottes. Aus dieser Zuvorkommenheit Gottes, aus diesem Indikativ der Gnade erst resultieren die Einladung, der Aufruf und die Verpflichtung: »Wenn Gott uns so geliebt hat, müssen auch wir einander lieben. Niemand hat Gott je geschaut; wenn wir einander lieben, bleibt Gott in uns, und seine Liebe ist in uns vollendet.« (1 Joh 4,11f).

Faktisch aber ist dieser kategorische Indikativ des Glaubens verstellt durch einen Dschungel von Geboten und Verboten, von Normen und Normierungen, die fast selbstverständlich den Eindruck erwecken, der christliche Glaube sei ein Ensemble von Vorschriften, Maßregelungen und Zensurierungen (noch so gut gemeinter Art). Ist also das Evangelium in der Wahrnehmung jener Zeitgenossen, die sich überhaupt noch dafür interessieren, im Verdacht bloßer Moralisierung und Vergesetzlichung, so ist es auch für jene, die (noch) im Raum der Kirche leben und wirken, weithin überraschungslos und bloß appellativ geworden. Eine Kirche, die weithin bloß noch als moralische Anstalt und »Werteagentur« oder als diakonische Unfallstation wahrgenommen und zugelassen wird, steht sozusagen strukturell im Verdacht, nichts wirklich Neues und Weiterführendes zu sagen zu haben. Ihr prophetisch-messianischer Hoffnungsüberschuss kommt nicht zur Geltung. Umgekehrt aber liegt, trotz allem, ein großer Erwartungsdruck auf den Kirchen und den Christen, zu den Orientierungs- und Überlebensfragen der Menschheit doch ihren spezifischen Beitrag zu leisten. Kann das aber gelingen, wenn sie – ohne den kategorischen Indikativ der Vor-Liebe und Zu-sage wirklich entfaltet und bezeugt zu haben – gleich in die »Ethik-Falle« tappen und das Evangelium bloß als ein Ensemble von »Grundwerten« auslegen? Kommen daher so viele double-bind-Botschaften in der Kirche – Verhaltensweisen also, die das Gegenteil von dem vermitteln, was sie behaupten?

Madeleine Delbrêl, die prophetische Christin, berührte den wunden Punkt kirchlicher Realität: »Wir verkünden keine gute Nachricht, weil das Evangelium keine Neuigkeit mehr für uns ist, wir sind daran gewöhnt, es ist für uns eine alte Neuigkeit geworden. Der lebendige Gott ist kein ungeheures, umwerfendes Glück mehr; er ist ein Gesolltes, die Grundierung unseres Daseins. Glück ist veränderliche Zutat am Rande Gottes, der bleibt. Wir geben uns keine Rechenschaft darüber, was Gottes Abwesenheit für uns wäre; so können wir uns auch nicht vorstellen, was sie für die anderen ist. Wenn wir von Gott reden, bereden wir eine Idee, statt eine erhaltende, weiterverschenkte Liebe zu bezeugen. Wir können den Ungläubigen unseren Glauben nicht als eine Befreiung von der Sinnlosigkeit einer Welt ohne Gott verkünden, weil wir diese Sinnlosigkeit gar nicht wahrnehmen. Wir verteidigen Gott wie unser Eigentum, wir verkünden ihn nicht wie das Leben alles Lebens, wie den unmittelbaren Nächsten all dessen, was lebt. Wir sind keine Erklärer der ewigen Neuheit Gottes, sondern Polemiker, die eine Lebensanschauung verteidigen, welche überdauern soll. Somit wäre es unnütz, anderen nahe genug zu sein, um verstanden zu werden, ihre Sprache zu sprechen, gegenwärtig und wirklich für sie zu sein, falls wir – auch wenn alle diese Bedingungen erfüllt wären – nicht selber zuerst die totale Botschaft wiedergefunden hätten, die wir *empfangen* haben und *weitergeben* müssen« (Wir Nachbarn der Kommunisten, Johannes Verlag Einsiedeln 1975, 283).

Alle Hirtenbriefe von Franz Kamphaus sind Ausdruck dieses evangelisatorischen Bemühens. Der gelernte Homiletiker verwendet sehr viel Kraft und Aufmerksamkeit darauf, die Neuigkeit des Evangeliums einladend zur Sprache zu bringen – jenseits aller moralistischen Engführungen und Missverständisse. Für diese mystagogische Achtsamkeit auf die indikativische Struktur des Evangeliums ist nichts problematischer und gefährlicher als kirchliche Routine, theologische Gewohnheit und pastorale Selbstverständlichkeit. Gegen solch eine Selbstberuhigung im Status quo betont Kamphaus die Überraschungsdimension des Evangeliums, seinen Neuheitscharakter.

II Zeitansagen

So sehr Bischof Kamphaus und seine Mitarbeiter die soziologischen Analysen zum gegenwärtigen Kirchenwandel im Blick behalten – fast noch wichtiger sind ihnen die karfreitaglichen Osterbilder aus Geschichte und Gegenwart der geistlichen Tradition, um die Zeichen der Zeit zu deuten. Drei davon, die durchgängig im Hintergrund der Hirtenbriefe stehen, seien kurz erinnert und entfaltet: der altkirchliche Vergleich der Kirche in der Menschheitsgeschichte mit dem Mond in der Natur, das Exil Israels als realgeschichtliches Faktum und als Glaubenssymbol, die dunkle Nacht auf dem mystischen Weg.

Mond und Sonne

Hugo Rahner war es, der in seinem Klassiker »Symbole der Kirche« an einen altchristlichen Schatz österlicher Kirchendeutung erinnerte.

Viele Theologen des ersten Jahrtausends, beginnend beim großen Origenes, haben die Kirche im Gang der Menschheitsgeschichte verglichen mit den Rhythmen des Mondes im Naturverlauf. Er habe die Funktion, das Tageslicht der leuchtenden Sonne so aufzunehmen, dass es auch in die Nacht hinein weiterstrahlen und Lebensrhythmen ermöglichen könne. So sei die Kirche als Gemeinschaft der Glaubenden dazu da, das blendende Licht der Ostersonne so aufzunehmen und weiterzustrahlen, dass in der Nacht der Menschheit Hoffnung und Glaube ermöglicht blieben. Diese lunare Ekklesiologie, durch und durch kosmisch und geschichtlich zugleich dimensioniert, betont, dass die Kirche das Sacramentum mundi, das Mysterium des Kosmos ist. Freilich müsse der Mond in rhythmischen Abständen sterben, um im Geheimnis des Neumondes wieder empfänglich zu werden für die Wucht des Sonnenlichtes, die es aufzunehmen und weiterzustrahlen gelte. Wie also der Mond regelmäßig sterben müsse, um den Zyklen des Lebens zu dienen, so müsse die Kirche im Gang ihrer historischen Gestalten immer wieder Phasen des Sterbens durchmachen, um für alle Menschen die Attraktivität des Evangeliums glaubhaft und einleuchtend bezeugen zu können. Die Kirche, die den Tod ihres Herrn verkündet, hat in ihren historischen Ausgestaltungen teil an solch karfreitaglichen Sterbens- und karsamstaglichen Todeszeiten.

Im Lichte dieses altkirchlichen Osterbildes lassen sich gegenwärtige Kirchenerfahrungen und -konstellationen deuten. Die in der Neuzeit, besonders im 19. und frühen 20. Jahrhundert gewachsene Gestalt von Kirche scheint am Sterben; seit den konziliaren Aufbrüchen ist, mitten in diesen Sterbeprozessen, eine Fülle von geistlicher Bewegung und gesamtkirchlicher Erneuerung zu entdecken. In diesem Spannungsfeld als Bischof (oder in anderer Funktion) zu wirken, bedeutet beides: Sterbebegleitung und Abschiedsarbeit, Geburtshilfe und Hebammenkunst. Die vorliegenden Hirtenbriefe lassen sich in dieser geistlichen wie pastoralen Doppelbewegung lesen. Sie nennen klar beim Namen, was zu Ende geht und so nicht bleiben kann; sie ermutigen zu neuen Wegen und Perspektiven.

Im Exil

Eine zweite Perspektive der Glaubenstraditionen, die zur Deutung gegenwärtiger Wandlungsprozesse hilfreich sein kann, bieten die biblischen Schriften selbst. Es brauchte in Altisrael bekanntlich Generationen, um den Schock der Zerstörung Jerusalems und damit aller religiösen und politischen Hoffnungen damals (586 v. Chr.) zu verarbeiten. Besonders die Zerstörung des Tempels war die Katastrophe schlechthin. Große religiöse Denker wie z. B. die Propheten setzten ihre ganze Kraft daran, Zusammenbruch und Exil geistlich wie theologisch zu bewältigen. In einem mühsamen (Ver-)Lernprozess galt es, den Weg in Exil und Diaspora als Gottes wohltuendes Gericht zu begreifen, als faktisch leider notwendige schmerzliche Unterbrechung des Bisherigen, um neu und wirksamer Zeugnis zu geben von der Treue Gottes im Bund mit seinem Volk, und durch dieses mit der Menschheit und der Welt insgesamt. Die Schriftwerdung der Erfahrungen und Hoffnungen Israels ist zutiefst geprägt von der Erfahrung der Zerstreuung unter den Völkern, vom Minderheitenstatus in der Diaspora, vom Segen und von der Last der Erwählung »für euch und für alle«. Nicht zufällig haben die frühen Christen, um den Schock der Tötung Jesu glaubend zu verarbeiten, mit Vorliebe prophetische Texte aus der Exilszeit gewählt. Vor allen Schriften der Hebräischen Bibel und des Neuen Testamentes steht also als Notenschlüssel: Exil, Diaspora, Unterbrechung und Aufbruch.

Nicht weniges spricht dafür, dass wir – mindestens in Alteuropa – derzeit solche Exilswege zu gehen haben. Dann wären gleichfalls geistlich-theologische Verlernprozesse angesagt, um das Schrumpfen der bisherigen Kirchengestalt und das Ende überlieferter Mehrheitsverhältnisse als Gottesgericht über seine Kirche zu begreifen. Das durchaus schmerzhafte Zerbrechen überkommener kirchlicher Mentalitäten und Strukturen wäre dann – so paradox wie bei den Propheten Israels – als Werk jenes Gottes zu entziffern, der größer ist als alle bisherigen kirchlichen Bilder von ihm, und der Gemeinschaft sucht mit allen Menschen. Kirche, derart als Sakrament der Welt verstanden, hätte sozusagen am eigenen Leib das Wirken jenes Gottes zu bezeugen, der der Schöpfer der Welt ist und nicht eine Art Eigenbesitz der Kirchen oder privilegierter Menschen, die sich Christen nennen. Die Hirtenbriefe von Bischof Kamphaus lassen sich in diesem Sinne durchaus als prophetische Texte lesen: mit der Gewissheit von Erwählung und daraus resultierender Hoffnung, aber auch mit dem Blick auf Gottes Gericht in und über seine Kirche. Daraus ergibt sich jene Solidarität mit allen Menschen, die z. B. Madeleine Delbrêl bezeugt: »In der Nähe eines Ungläubigen wird die Liebe zur Verkündigung, aber diese darf nur brüderlich sein. Wir kommen nicht, um großmütig etwas mitzuteilen, was uns gehört, nämlich Gott. Wir treten nicht wie Gerechte unter die Sünder, wie Leute, die ein Diplom erlangt haben unter Ungebildete; wir kommen, um von einem gemeinsamen Vater zu reden, den die einen kennen, die anderen nicht; wie solche, denen verziehen worden ist, nicht wie Unschuldige; wie solche, die das Glück hatten, zum Glauben gerufen zu werden, ihn zu empfangen, aber nicht als Eigenbesitz, sondern als etwas, das in uns für die Welt hinterlegt wird: Daraus ergibt sich eine ganze Lebenshaltung« (a. a. O., 253).

Dunkle Nacht

»Nun verfährt Gott wunderbar mit mir, da mir seine Entfremdung lieber ist als er selbst.« Dieser abgründige Satz einer großen Christin aus dem 13. Jahrhundert – Mechthild von Magdeburg – intoniert eine Glaubenserfahrung, die seitdem immer mehr (Christen-)Menschen ergriffen und geprägt hat. Je mehr der Mensch geistig und geistlich erwachsen wird, desto mehr können ihm alle bisher prägenden Bilder von Gott und von der Kraft des Glaubens abhanden kommen – bis hin zum Atheismus (inner- und außerhalb des Glaubens). Christenmenschen wie Martin Luther oder Johannes vom Kreuz haben diese dunkle Nacht des Glaubens nicht nur erfahren, sondern in einer Art geistlicher Tiefenpsychologie auch geschildert. Was Mechthild von Magdeburg mit Gottesentfremdung beschrieb, was im Bild der dunklen Nacht oder der Höllenfahrt angedeutet wird, ist in jüngerer Zeit von christlich Glaubenden wie Thérèse von Lisieux, Dag

Hammarskjöld oder Madeleine Delbrêl und vielen anderen bezeugt worden. Leben wir in einer Zeit der »Gottesfinsternis«? Sind all unsere Vorstellungen, Bilder und Redeweisen von Gott zu unglaubwürdig, zu klein, zu projektiv geraten? Lassen sich die Transformationen im westlichen Christentum auch als Einladung verstehen, den je größeren, den noch unbekannten, den erst noch kommenden Gott zu suchen und zu entdecken – und entsprechend eine Mystik der Gottesnähe in der Gottesferne, der Gottesanwesenheit in der Abwesenheit zu buchstabieren? Dann wären viele Veränderungsprozesse entzifferbar als große geistliche Herausforderung, allererst – und nun wahrhaft kat-holisch, also interreligiös und ökumenisch – gottesfähig zu werden.

In dieser dunklen (Karsamtags- und Oster-)Nacht des Glaubens wächst mit dem göttlichen Gott auch der menschliche Mensch. Es eröffnet sich neu und tiefer jene Beziehungsgeschichte, für die nach christlichem Glauben einzigartig Jesus Christus einsteht. Die Hirtenbriefe von Franz Kamphaus sind, seinem Bischofsmotto gemäß, alle ausgezeichnet durch das Bemühen, dem »Christus maior« in seinen geringsten Brüdern und Schwestern zu begegnen und zu dienen. Denn in Jesus Christus hat, wie Johannes vom Kreuz formulierte, Gott uns alles gesagt, was er zu sagen hat, und seitdem ist er »gleichsam verstummt«.

Solch mystagogische Predigt, die diesem Glaubenswachstum in der dunklen Nacht der Gottesentziehung dient, hatte Karl Rahner im Blick, als er vor mehr als 30 Jahren schrieb: »Der Prediger muss etwas von einer ›mystischen‹ Glaubensnot wissen. Man kann das Wort ›Mystik‹ vermeiden und tut vielleicht besser daran, weil es fast unvermeidlich die Vorstellung von seltsamen, singulären, psychischen Vorkommnissen hervorruft, mit denen ein ›normaler‹ Mensch nichts zu tun hat. Aber wäre nicht vielen in der Erfahrung ihrer individuellen Glaubensgeschichte geholfen und deren Bestehen-Können besser gesichert, wenn die existentielle Seite des Glaubens und deren Geschichte den Hörern der Glaubenspredigt von vornherein vorausgesagt würde: Glaube als Aushalten des Schweigens Gottes; die

›Nacht‹ des Glaubens; das scheinbare ›Schrumpfen‹ des Glaubens als eine Verdichtung; der Glaube (trotz seiner materialdifferenzierten Inhaltlichkeit) als Schweigen über Gott; das Erkennen des Herrn allein im ›Brechen des Brotes‹ für den ›Fremdling‹ (Lk 24,31); die dauernde Auferstehung des Glaubens aus dem Grab des Unglaubens usw. Wo das alles (und vieles mehr) nicht kerygmatisch vorausgesagt wird, erlebt der, der glauben will, in seiner Glaubensgeschichte vieles als Anstoß, Versuchung, ja als die scheinbare Pflicht, nicht zu glauben, was doch nur legitime Momente und Phasen dieser Geschichte sind« (in: Handbuch der Pastoraltheologie III, Verlag Herder, Freiburg 1968, 522).

III Stets der Erneuerung bedürftig

Für Leben und Werk von Franz Kamphaus (und viele andere seiner Generation) ist zusammen mit dem Zweiten Vatikanischen Konzil die Synode der deutschen Bistümer in Würzburg prägend. Das Bekenntnis »Unsere Hoffnung«, zweifellos ein Markstein der deutschen Kirchengeschichte, ist nicht zufällig immer wieder Bezugstext, wenn er vom Auftrag und von der Realität der Kirche spricht. »Kirche wird immer sein, aber wird Kirche bei uns sein?« So hatte nachdenklich und in schwierigsten Zeiten schon Alfred Delp gefragt – am Fest Peter und Paul 1941. »Wenn wir fragen: Lebt oder stirbt die Kirche?, dann meint das *unsere* Kirchenstunde ... Kirche, bist du heute Kirche des Lebens oder Kirche am Ende?« Solche Fragen sind ein treibendes Motiv, ja ein Unruheherd auch in den Hirtenbriefen von Bischof Kamphaus. Was ist mit der faktischen Kirche? Wie besteht sie die gegenwärtigen Veränderungen? Wie bleibt und wird sie glaubwürdiger? Wie kann sie wirklich und wirksam sein, was sie zu sein behauptet: »Sakrament der Einheit aller (!) Menschen mit Gott und untereinander«?

Man findet in den Hirtenbriefen kein einziges Wort der Kirchenschelte oder der Kirchendenunzierung, wie es bisweilen beliebt ist und schnell erschwinglich scheint. Die Texte erwachsen nämlich aus einer selbstverständlichen Kircheneinwurzelung und einer tiefen Dankbarkeit für den Reichtum glaubensgeschichtlicher Überlieferung und kirchlicher Realität. Dies heißt aber nicht, dass Franz Kamphaus jene Selbst- und Kirchenkritik fremd wäre, die für den christlichen Glauben bezeichnend ist. Unterstreicht doch das Credo aller Kirchen ausdrücklich, dass wir nicht an die Kirche glauben, sondern mittels, dank und auch trotz ihrer an den lebendigen Gott allein! Aus dieser für das Glaubensleben äußerst wichtigen theologischen Differenz erwächst jene geistliche Leidenschaft, die die ständige Reformation der Kirche an Haupt und Gliedern sucht. Stillstand wäre Rückschritt. Auch wenn man sich vielleicht manches oder gar vieles in den Hirtenbriefen noch zupackender, noch konkreter und offensiver wünschte – etwa zur Ökumene, zur Frauenfrage, die ja weithin eine Männerfrage ist etc. –: Nicht nur zwischen den Zeilen bezeugen die Hirtenbriefe, wie sehr sie aus keineswegs nur harmonischen, sondern auch konfliktiven kirchlichen Kontexten erwachsen und in ihnen Position beziehen. Weil Gottes Weltherrschaft und sein Reich der alles entscheidende Bezugspunkt des Glaubens und der Hoffnung sind, kann die Spannung zwischen Auftrag und Wirklichkeit, zwischen Idealität und Realität der Kirche gleichermaßen liebevoll und solidarisch, aber auch selbstkritisch und fordernd ausgedrückt werden.

Im Laufe der Jahre ist für Bischof Kamphaus die Sorge um und die Suche nach der einen Welt und der einen Welt-Kirche immer bedrängender geworden. (Umso mehr fällt auf, dass Themen des interreligiösen Gesprächs weithin noch fehlen.) Sind doch die Armen, denen das Evangelium zu verkündigen ist, primär auch die Marginalisierten, die an den Rand Verbannten. Was im Rhein-Main-Gebiet ständige multikulturelle Realität ist, gilt weltweit. Der Preis für dieses weltkirchliche Engagement in den Texten ist bisweilen eine Vernachlässigung oder Unterbestimmung innerkirchlicher Fragestellungen, die viele umtreiben. Auffällig ist z. B., dass auch in diesen Texten Fragen nach Macht und Recht im kirchlichen Leben und Verhalten eigentümlich ausgeblendet bleiben. Allzu schnell ist vom Dienst und der Liebe die Rede. Man könnte von einer gewissen Gefahr der Spiritualisierung der real existierenden kirchlichen Verhältnisse sprechen. Fragen nach den »Strukturen der Kirche«, nach Amt und Gemeinde, nach Institutionalität und Spiritualität, nach einer kirch- lichen Konfliktkultur werden eher indirekt und vorsichtig angesprochen.

Papst Paul VI. hatte den »Bruch zwischen Evangelium und Kultur« als »das Drama unserer Epoche« beschrieben. In der Tat sind Christentum und Kirche allzuoft nicht auf der Höhe der Zeit, wenn es um das Gespräch mit Kunst, Wissenschaft und Kultur geht. Avantgarden und Eliten finden in der faktischen Kirche meist keine Heimat mehr. Der Prediger Kamphaus besticht immer wieder durch seine Sensibilität für literarische Texte und seine Achtsamkeit auf künstlerische Prozesse und Arbeiten. Umso mehr erstaunt, dass in der Sammlung der Hirtenbriefe ein entschiedenes Wort oder gar ein Brückenschlag zu jener dramatischen Entzweiung zwischen allgemeinem Kulturbewusstsein und kirchlichem Reden und Handeln fehlt; in den Begleittexten freilich ist davon öfter die Rede.

IV Mystik und Politik

»Die Welt wird heute dominiert von einigen großen religiösen Systemen, deren Unterschiede immer deutlicher hervortreten und die sogar im Hintergrund vieler politischer und bewaffneter Konflikte zu stehen scheinen. Dieser Umstand verwischt einen ungleich wesentlicheren: dass nämlich die gegenwärtige globale Zivilisation im Grunde höchst atheistisch ist. Sie ist die erste atheistische Zivilisation in der gesamten bisherigen Geschichte. Zugleich ist sie die erste Zivilisation, die den ganzen Planeten umspannt. Der Atheismus dieser Zivilisation seht in einem Zusammenhang mit der Hypotrophie der Partikularinteressen und Partikularverantwortlichkeiten und der Krise der globalen Verantwortung. Ist nicht die Tatsache, dass der Mensch nur in den Grenzen des Überschaubaren denkt und nicht imstande ist, auch an das zu denken, was danach kommt – zeitlich oder räumlich –, die Folge des Verlustes der metaphysischen Gewissheiten, Fluchtpunkte und Horizonte? Ist nicht der ganze Charakter der gegenwärtigen Zivilisation mit ihrer Kurzsichtigkeit, der stolzen Betonung des menschlichen Individuums als Höhepunkt und Herr der Schöpfung, dem grenzenlosen Vertrauen in die Fähigkeit des Menschen, das Universum mit den Instrumenten seiner rationalen Erkenntnis begreifen zu können – ist nicht dies alles schlicht die natürliche Folge des Verlustes von Gott? Oder genauer: des Respektes vor der Ordnung des Seins, dessen Schöpfer wir nicht sind, sondern nur dessen Bestandteil ...« (Vaclav Havel, Moral in Zeiten der Globalisierung, Rowohlt Verlag Reinbek 1998, 47f).

Was Havel hier diagnostiziert, ist in der Tat die entscheidende Herausforderung für alle, die heutzutage Christen bleiben oder werden wollen. In den Hirtenbriefen von Bischof Kamphaus ist durchgängig spürbar, wie sehr es im christlichen Glauben nicht um kirchliche Eigeninteressen oder religiöse Sonderbedürfnisse geht, sondern um das Leben und Überleben aller Menschen in Frieden, Gerechtigkeit und versöhnter Verschiedenheit. Was Havel als Defizit diagnostiziert, wird in der Geschichte und Gegenwart christlichen Glaubens als befreiende Einheit wahrgenommen und realisiert: Mystik und Politik. Noch das Gebet des Einsiedlers oder die einsamste Gewissensentscheidung haben wie der Flügelschlag des Schmetterlings Bedeutung für das Ganze. Die Frage nach Christsein und Kirche ist erst dann richtig erschlossen, wenn sie in einer elliptischen Doppelbewegung nach der Wahrheit des eigenen Lebens und nach dem gelingenden Leben für alle sucht. Deshalb ist die mystisch-politische Doppelstruktur des Glaubens grundlegend.

Madeleine Delbrêl hatte sie im französischen Wortspiel von »solitaire« und »solidaire« auf den Punkt gebracht. Der »einsamen« Intimität des (an)betenden Menschen vor Gott korrespondiert die »gemeinsame« Solidarität mit anderen und für alle. Das Evangelium lädt entsprechend ein auf jenen Weg der Nachfolge, auf dem Selbstbewusstsein und Selbstlosigkeit gleichermaßen wachsen. In der Zustimmungskraft des Glaubens liegt auch seine Widerstandskraft – und beide werden konkret nicht in frommen Gedanken und Gefühlen, sondern in den realen Verhältnissen der Biographie und der Gesellschaft.

Nicht selten wurde und wird Bischof Kamphaus von interessierter Seite nahe gelegt, doch nicht »so politisch« zu reden. Entscheidend sei doch die Wahrheit des Glaubensbekenntnisses, und demgegenüber stünden Fragen nach gesellschaftlicher Gerechtigkeit, nach Frieden und Abrüstung, nach weltweiter Verteilungsgerechtigkeit und Ähnlichem eher zurück. Nicht zuletzt ist es das entschiedene Eintreten von Bischof Kamphaus für arme und in Not geratene Mitmenschen, z. B. für Asylanten und Strafgefangene, das ihn für die einen zu einer vorbildlichen Leitfigur, für andere zu einem lästigen Störenfried und ärgerlichen Kritiker macht. Dies gilt besonders angesichts seines Engagements in der Schwangerschaftskonfliktberatung. In Wahrheit geht es ihm aber allein um die innere Einheit von Mystik und Politik, die er in seinen Hirtenbriefen unermüdlich zu vermitteln sucht und zur Geltung bringt. Die Hirtenbriefe können gelesen werden als mystagogische Texte, die in das Gottgeheimnis der Welt und das Weltgeheimnis Gottes einweisen wollen. Auf der einen Seite öffnet sich dabei der Straßengraben einer faulen Innerlichkeit und einer weltflüchtigen, unpolitischen »Spiritualität«; auf der anderen Seite tut sich der Straßengraben eines ungeistlichen, spirituell nicht geerdeten politischen Engagements auf, das dann doch nur Aktionismus bliebe und strukturelle Selbstüberforderung wie Selbstüberschätzung zur Folge hätte.

Zwischen dem einen Extrem – dem des Nichts-Tuns aus vermeintlich frommen Motiven – und dem anderen Extrem – einer appellativen bzw. aktionistischen Hektik ohne spirituelle Erdung – ist der Weg des Glaubens zu suchen und zu gehen. Madeleine Delbrêl, die hellsichtige Zeugin, sagte es so: »Man muss sich der beiden dunklen Räume bewusst geworden sein, zwischen denen sich unser Leben abspielt: Unergründliches Dunkel Gottes und Finsternis des Menschen: dann kann man sich mit Leib und Seele dem Evangelium verschreiben, kann durch unser doppeltes Nichts hindurch unsere

Kreatürlichkeit und unser Sündersein wahrnehmen. Man muss in das Todesmilieu dessen eingetaucht sein, dem unser menschliches Lieben gilt: in die Verwüstungen durch die Zeit, die allgemeine Gebrechlichkeit, die Todesfälle, den allmählichen Zerfall der Zeit, aller Werte, der sozialen Gemeinschaften, unserer Selbst. Und am anderen Pol muss man die undurchdringbare Welt des In-sich-Seins Gottes angerührt haben, um in sich ein solches Grauen vor der Finsternis zu entdecken, dass das Licht des Evangeliums uns nötiger wird als Brot. Nur dann klammern wir uns daran wie an ein über einem doppelten Abgrund gespanntes Seil« (a. a. O., 253).

Als sich am 13. Juni 1982 eine große Festgemeinde im Limburger Dom zur Bischofsweihe von Franz Kamphaus versammelte, waren zufällig Karl Rahner und ich schon länger vor Beginn der Feierlichkeiten in der herrlichen Kathedralkirche. Der große Theologe, einige Kirchenbänke vor mir und schon schwer hörend, rief mir diskret und doch lauthals zu: »Herr Fuchs, im Franz haben sich die Römer aber vertan.« Es könnte sein – und auch davon spricht der Subtext dieser Hirtenbriefe – dass Rahner mit dieser freundschaftlichen Bemerkung Recht hatte, zu Nutz und Frommen aller, in Rom wie in deutschen Landen.

V Der Poverello

»Herr, wollten wir etwas besitzen, dann müssten wir auch Waffen zu unserer Verteidigung haben. Daher kommen ja die Streitigkeiten und Kämpfe aller und verhindern die Liebe. Aus diesem Grund wollen wir nichts besitzen.« In dieser Antwort von Franz von Assisi auf die Vorhaltung seines Bischofs, dass ein Leben in Armut doch zu schwer sei, ist kristallklar die franziskanische Auslegung des Evangeliums zusammengefasst. Der Poverello aus Assisi ist für Franz Kamphaus weit mehr als ein Namenspatron. In ihm sieht er für das 13. Jahrhundert realisiert, was ihm für das 20. und 21. entscheidend ist: die Inszenierung des Evangeliums mitten in den Alltagsverhältnissen und zwischen den Völkern, die verrückte Nachfolge auf den Wegen Jesu, die unbeschwerte »Leichtigkeit des Seins«, eben jene Zärtlicheit und Kraft im Hier und Jetzt, die Franz so faszinierend macht.

Nicht ohne Gründe hat man Franz von Assisi – im historischen Kontext wie in der Wirkungsgeschichte – als prophetische Kontrastfigur bezeichnet, in der zwei Welten aufeinander prallen: einerseits die dann kapitalistische Lebens- und Denkform, derzufolge der Mensch sich durch das definiert, was er (sich) leistet, was er kriegt und verdient (und also »wert« ist); andererseits jene antikapitalistische, nicht possessive Lebens- und Denkform, die aus der überfließenden Gerechtigkeit Gottes schon zu leben und zu handeln wagt und Gottes schöpferische Treue als unerschöpflichen Quellort des Guten begreift. »Auf, ihr Durstigen, kommt alle zum Wasser! Auch wer kein Geld hat, soll kommen. Kauft Getreide und esst, kommt und kauft ohne Geld, kauft Wein und Milch ohne Bezahlung. Warum bezahlt ihr mit Geld, was euch nicht nährt, und mit dem Lohn eurer Mühen, was euch nicht satt macht?« (Jes 55,1–3). Dieser Einladung des Evangeliums – formuliert durch einen Exilspropheten – ist Franz von Assisi gefolgt. Entsprechend unbeschwert und unbekümmert konnte er wirken. Die Hirtenbriefe von Franz Kamphaus vermitteln etwas von dieser Sehnsucht und von dieser Erfahrung.

Wie bei Franz von Assisi ist damit freilich keine spirituelle Idylle gemeint, keine verbale Romantik. Die Bekehrung zum Evangelium hat höchst praktische Folgen. Franz beschrieb noch in seinem Testament die Wende: Als es ihm endlich möglich wurde, einen (bis dahin verständlicherweise nur abgelehnten) Aussätzigen zu umarmen und zu küssen, »da wurde mir das Herz erfüllt mit aller Zärtlichkeit Gottes«. Entsprechend kraftvoll und durchaus konfliktfähig sind sein Friedenshandeln, seine Gestaltung gemeinsamen Lebens, seine mitkreatürliche Sensibilität und Solidarität. Diese Mystik konfliktfähiger Gewaltlosigkeit und mitkreatürlicher Solidarität macht den Poverello zur Leitfigur bis heute (bis hin zur kirchlichen Ernennung als Anwalt der Schöpfung – der Ökologie also, die in den Hirtenbriefen bisher eher beiläufig nur angesprochen ist).

Als Fazit dieser Einführung, als Einladung zum Lesen und Meditieren der Hirtenbriefe kann nochmals Madeleine Delbrêl zu Wort kommen: »Wenn wir in für uns besonders schwierigen Lebenslagen oft so schlecht zu wählen verstehen, dann deshalb, weil wir zu Weniges und zu zaghaft wählen. Gott serviert uns die Umstände nicht wie fertig Gekochtes, Abgeschlossenes. Er reicht sie uns so, dass wir sie vollenden, dass wir daraus seinen Willen machen können« (a. a. O., 176). Der Tisch des Wortes ist also reich gedeckt. An den meditativen und herausfordernden Texten von Bischof Kamphaus lässt sich lernen, wie zu kochen ist und was auf den Tisch kommen soll.

GOTTHARD FUCHS

Den Armen das Evangelium verkündigen

Der erste Hirtenbrief als Bischof von Limburg (1982)

Liebe Mitchristen im Bistum Limburg,
acht Tage bin ich nun bei Ihnen: Ein neuer Bischof für Sie, ein neues Bistum für mich. Vieles ist ungewohnt, neu. Vieles geschieht zum ersten Mal, wie jetzt das Schreiben dieses ersten Briefes an Sie, die Sie mit mir in der Kirche von Limburg verbunden sind.

Gemeinsam unterwegs

Was mich bewegt? Vor allem die Offenheit und das Vertrauen, die mir in den vergangenen Tagen entgegengebracht worden sind. Ich habe viel mehr empfangen, als ich geben konnte. Ich möchte versuchen, Ihnen in diesem Vertrauen nahe zu sein, einer von Ihnen zu werden und für Sie da zu sein.

So grüße ich Sie alle in der Gemeinschaft unserer Kirche: vorab meinen Vorgänger, Bischof Wilhelm Kempf. Ich freue mich, dass ich sein Nachfolger sein darf im Dienst am Evangelium. – Ich grüße die Kranken unter Ihnen und die Gesunden, die Älteren ebenso wie die, die mitten im Leben stehen. Ich grüße die Jugendlichen und die Kinder. Ich grüße die, die sich über die Kirche freuen und die, die an ihr leiden und doch ihr Ja zur Kirche nicht aufgekündigt haben. Ich grüße auch die, denen an Kirche und Gottesdienst kaum noch etwas liegt. Mein Gruß gilt ausdrücklich auch allen, die mit uns an Jesus Christus glauben, sich aber zu einer anderen Konfession bekennen.

Mich beeindruckt, wie viele Menschen sich in unserem Bistum für die Kirche verantwortlich wissen und den Dienst am Glauben mittragen. Ich denke besonders an jene Frauen und Männer, nicht zuletzt auch an die Jugendlichen, die in den synodalen Gremien, in

Gruppen und Verbänden ehrenamtlich mitarbeiten, die nicht fragen: Was hab' ich davon?, die ohne langes Reden einfach da sind. Ihr Dienst ist unbezahlbar.

Das Leitwort

Dies ist mein erster Brief an Sie. Vielleicht denken Sie: Jetzt muss der neue Bischof sagen, worum es ihm geht. Jetzt muss er sein Programm bekannt geben. Ein neues Programm? Was zu sagen und zu tun ist, ist gesagt und vorgegeben: im Evangelium. Es enthält jenes Wort, das Jesus nach dem Zeugnis des Lukas zu Beginn seiner ersten Predigt in Nazaret verkündet:

> »Der Geist des Herrn ruht auf mir,
> denn der Herr hat mich gesalbt.
> Er hat mich gesandt,
> den Armen das Evangelium zu verkündigen« (Lk 4,18).

Dieses Wort ist mir so wichtig geworden, dass ich es zum Leitwort meines Dienstes gemacht habe. Ich möchte versuchen, es Ihnen nahe zu bringen.

»Den Armen das Evangelium verkündigen ...« – Das Wort hat eine Voraussetzung: »Der Herr hat mich gesalbt, er hat mich gesandt ...« Daran glaube ich. Ich glaube daran, dass der Herr mich in der Weihe mit seinem Geist gesalbt und mich zu Ihnen gesandt hat. Ich würde nicht wagen, vor Sie hinzutreten und den Mund aufzutun, wenn ich nicht davon überzeugt wäre: Er, der Herr, steht hinter mir, er steht zu mir. Darum ergreife ich das Wort, *sein* Wort, um es Ihnen zu verkündigen.

»Er hat mich gesandt, den Armen das Evangelium zu verkündigen.« – Den Armen? Bin ich da bei Ihnen an der richtigen Adresse? Sind Sie arm? Möchten Sie als »Arme« angesprochen werden? Kann man unsere Kirche in Deutschland arm nennen? Wohl kaum! Also –

betrifft uns das Wort gar nicht?! Aber doch! Viele Reiche sind arme Leute mit viel Geld. Könnte es sein, dass wir hier in Deutschland eine arme Kirche sind mit viel Geld? Haben wir noch die Kraft, junge Menschen zu begeistern, den Glauben weiterzugeben, Signale zu setzen für den Weg in das kommende Jahrtausend? – Je mehr wir mitten in unseren Reichtümern und Habseligkeiten unsere eigene Armut entdecken, desto mehr werden uns die Augen aufgehen für die Armut der anderen neben uns: für die an den Rand Gedrängten, für die, die keinen Menschen haben und die niemand braucht, für die, die heute unter die Räuber fallen und ausgeplündert am Weg liegen. Vor allen anderen sind wir zu ihnen gesandt, wenn wir Jesus folgen wollen.

Ich will nicht müde werden, Sie und mich selbst an die Armen zu erinnern, hier bei uns im Bistum und darüber hinaus in aller Welt. Das Nord-Süd-Gefälle ist nicht nur eine politische Frage, es betrifft uns als Kirche. Wie lassen sich die offensichtlichen Gegensätze zwischen reichen und armen Bistümern, zwischen reichen und armen Gemeinden mit der einen Tischgemeinschaft des Volkes Gottes vereinbaren, zu der wir uns in jeder Eucharistie bekennen? Die eigentliche Kluft in der Kirche verläuft nicht zwischen links und rechts, zwischen progressiv und konservativ, sondern zwischen arm und reich. Je mehr wir diese Kluft als *die* gegenwärtige Herausforderung des Glaubens erkennen, erledigen sich andere innerkirchliche Konflikte. Lassen Sie uns neu bedenken, welche Konsequenzen unser Bekenntnis zur *einen* Kirche hat und was uns die *eine* Tischgemeinschaft des Volkes Gottes zumutet. Es geht um mehr als um Almosen, es geht um den Preis unseres Glaubens.

»Den Armen das Evangelium verkündigen ...« – Sollen wir nicht besser sagen: ›Den Armen zu essen geben?‹ Keine Frage: Das Evangelium kann die Gestalt des Brotes annehmen. Aber es ist eine teuflische Versuchung (vgl. Mt 4,3), die Sehnsucht des Menschen auf den leiblichen Hunger zu verkürzen und ihn allein mit den Produkten der Erde abspeisen zu wollen. Weist die Sehnsucht nach Heil, nach Sinn, nach Vertrauen nicht weiter als alles, was sich rein menschlich erreichen und machen lässt? »Der Mensch lebt nicht vom Brot allein, sondern von jedem Wort, das aus Gottes Mund kommt« (Mt 4,4). Er ist zu groß, als dass er an sich selbst oder an der Erde genug finden würde. In allem, was die Erde bietet, ist etwas zu wenig. Gott allein genügt.

Das Evangelium leben

Das ist das Evangelium, das wir den Armen zu verkündigen haben, nicht nur im Wort, sondern mit unserem Leben. Wir brauchen der Welt nicht Welt und der Erde nicht Erde zu geben. Die Welt bedarf keiner Wiederholung ihrer eigenen Auskünfte und Ratlosigkeiten durch die Kirche. Wir schulden ihr, was sie aus sich selbst nicht hat: das Evangelium. Wagen wir die christliche Alternative! Wagen wir den Lebensstil des Evangeliums. Er hat Zukunft, er lässt hoffen. Machen wir uns gemeinsam auf den Weg. Hoffnung heißt: erste Schritte tun in die Richtung, die uns das Evangelium weist.

Diesen Schritten wird das Zurückschrecken und Stolpern nicht erspart bleiben. Aber wir sollten uns nicht täuschen lassen durch die, die meinen, es sei doch nichts zu machen. Schritte auf dem Weg des Evangeliums sind *dem* möglich, für den Jesus Christus Wirklichkeit ist. Gott sei an unserer Seite. Er begleite uns mit seinem Segen.

WEM WIR GLAUBEN

Wer wir sind

Hirtenbrief zur österlichen Bußzeit 2000

»WILT DU NIT WISEN WER DU BIST SO SAG AUCH EIM ANDERN NIT WER ER IST 1548«. Dieses Wort steht eingemeißelt in einem fränkischen Rathaus. Nur der kann mitreden im Zeitgespräch, der weiß und wissen will, wer er selber ist. Er muss sich fragen, wovon und wofür er lebt.

Wer sind wir als Christinnen, als Christen? Was ist uns wichtig? Wofür stehen wir ein? Es ist heute nicht selbstverständlich, Christ zu sein. Viele in unserer Umgebung denken und leben ganz anders. Der Weg in die Minderheit spricht nicht gegen uns. Er erinnert uns an die Christen der ersten Generation. Wir sind entschiedener gefragt, was uns glauben und hoffen lässt: Was hält uns auf dem Weg Jesu? Warum Christ werden, warum Christ bleiben in dieser krisengeschüttelten Welt- und Kirchenzeit? Die schärfste Versuchung kommt nicht von außen, sondern von innen. Wir sind unsicher geworden. Darum hilft auch kein Wegschauen und kein Weglaufen. Wir dienen niemandem, wenn wir andere anklagen und über die schlechten Zeiten jammern. Wir können uns die Zeit nicht aussuchen, in die Gott uns ruft. Aus der Mitte des Glaubens an ihn kommen die überzeugendsten Gründe, Christ zu sein und zu bleiben, es neu zu werden. Das möchte ich Ihnen in drei Schritten nahe bringen.

Die Würde jedes Menschen ist unantastbar

In keiner Religion wird der einzelne Mensch so gewürdigt und in die Mitte des Glaubens gerückt wie im Christentum: Jesus von Nazaret, ein Mensch wie wir, ist das Bild Gottes, der Messias. In ihm erkennen wir: Jeder Mensch ist Gottes Ebenbild – kein Zufallsprodukt oder

Versuchskaninchen, kein Blindgänger, nein: Gottes Ebenbild und Bundespartner. Christen lassen sich von niemandem darin übertreffen, groß vom Menschen zu denken. Vorgängig zu seinen Taten und Untaten, zu seinen Leistungen und Fehlleistungen ist er von Gott unbedingt erwünscht und gerechtfertigt. Jeder Mensch ist Mensch, nicht der eine mehr, der andere weniger, nicht der eine wertvoll, der andere unwert. Nein, ob Frau oder Mann, schwarz oder weiß, Christ oder Nichtchrist, jede und jeder ist unwiderruflich von Gott angenommen. Jeder Mensch hat nicht nur einen Wert, sondern eine Würde; denn »Gott hat sich in Christus mit jedem Menschen gleichsam vereinigt«, sagt das letzte Konzil. Die Würde des Menschen ist unantastbar, weil Gott ihr Urheber und Garant ist. Wer sie verletzt, trifft Gott.

Wer sich das zu eigen macht, der hat Kontakt zum Evangelium, auch wenn er es gar nicht weiß und nur an das Grundgesetz unseres Staates denkt. Die universalen Menschenrechte und Menschenpflichten geben Zeugnis vom biblischen Gottesglauben. Auch nach 2000 Jahren sind wir immer noch dabei, diese Gottesbotschaft zu lernen und der Würde jedes Menschen unbedingte Geltung zu verschaffen.

Die Würde der Person wird nirgends so konkret und so schutzbedürftig wie dort, wo Menschen an den Rand geraten sind oder ausgestoßen werden. Heinrich Böll hat recht: »Selbst die allerschlechteste christliche Welt würde ich der besten heidnischen vorziehen, weil es in einer christlichen Welt Raum gibt für die, denen keine heidnische Welt je Raum gab: für Krüppel und Kranke, Alte und Schwache; und mehr noch als Raum gab es für sie: Liebe für die, die der heidnischen wie der gottlosen Welt nutzlos erschienen und erscheinen ... Ich empfehle es der Nachdenklichkeit und der Vorstellungskraft der Zeitgenossen, sich eine Welt vorzustellen, auf der es Christus nicht gegeben hätte.«

Die Welt ist kein Betriebsunfall und kein Chaosunternehmen, kein Irrenhaus und kein Irrgarten. Sie entstammt dem schöpferischen Wohlwollen Gottes, der selbst Beziehung ist und deshalb Beziehung schafft: »Gott sah alles an, was er gemacht hatte: Es war sehr gut/sehr schön« (Gen 1,31). – Sieht man die faktischen Verhältnisse, ist das gewiss ein kühnes Bekenntnis. Es gibt so viele Unkenrufer und Unglückspropheten, es gibt so viel Zukunftsangst und Resignation. Und es gibt auch den billigen Optimismus, der alles wie selbstverständlich hinnimmt. Christen vergöttern die Welt nicht und verteufeln sie nicht. Sie ist für uns ein Ausdruck der schöpferischen Liebe Gottes. Zusammen mit der Würde jedes Menschen ist es die Treue zur Erde, die den christlichen Glauben prägt und auszeichnet.

Gewiss: Auch wir Christen sind im Laufe unserer Geschichte oft in den Verdacht geraten, wir wären mehr ins Jenseits verliebt als ins Diesseits, wir träumten von himmlischen Welten auf Kosten der irdischen. Aber unser Credo beginnt mit dem Bekenntnis zu Gott, dem Schöpfer des Himmels und der Erde. Alles, was ist, trägt das Gütezeichen Gottes. Alles, was ist, steht unter der Verheißung Gottes. Er ist in Jesus selbst zur Welt gekommen.

Aber alles trägt auch ein Verfallsdatum: Nichts ist ewig, nichts in der Welt ist Gott. Nichts in ihr kann die unendliche Sehnsucht stillen, die Gott uns ins Herz gegeben hat. In allem ist etwas zu wenig. Christen sind Menschen, die daheim noch Heimweh haben – nach Gott! Sie lassen sich nicht auf das Vorfindliche festlegen. Sie verachten nicht das, was ist; aber sie sind darüber hinaus gespannt auf das, was kommt. Unsere Hoffnung greift aus bis dorthin, wo Gott die Tränen von unseren Augen abwischt und alle, wirklich alle, zu ihrem Recht kommen.

In keiner Religion der Welt stehen die Opfer menschlicher Gewalt so im Mittelpunkt wie im Christentum, und mitten unter ihnen der gekreuzigte Jude aus Nazaret. Der christliche Glaube eröffnet einen Raum, in dem wir das Ausmaß der Gewalttätigkeit überhaupt erst wahrnehmen, beim Namen nennen und bekämpfen können. Unsere Geschichte ist voll von mörderischer Gewalt, von Kain bis Auschwitz und Tschetschenien. Allesamt leben wir jenseits von Eden, sind Söhne und Töchter Kains. Wer gedacht hat, durch die Aufklärung seien wir endlich vernünftig geworden, den hat das 20. Jahrhundert bitter enttäuscht. Wir stehen in einem verfluchten Zusammenhang von Konkurrenz und Rivalität, Gewalttätigkeit und Krieg, der sich von einer auf die andere Generation vererbt. Deshalb sprechen wir von Erbsünde. Wir sind nicht nur Wohltäter, sondern immer auch Übeltäter, haben »Böses getan und Gutes unterlassen«. Wir können uns so ehrlich anschauen, weil wir darauf vertrauen dürfen, dass Gott uns trotz unserer Schuld nicht verwirft, uns auf unser Versagen nicht festnagelt. Wir müssen nicht verschleiern und verdrängen, was ist. Wir brauchen nicht wegzuschauen, wir können hinschauen. »Sie werden auf den schauen, den sie durchbohrt haben« (Joh 19,37).

Das Kreuz Jesu bringt das ganze Ausmaß der Gewalttätigkeit in uns und um uns ans Licht. Wer sich mörderischer Gewalt entgegenstellt wie er, kommt unter die Räder. Erlöst werden wir nicht durch die Macht der Mächtigen, sondern durch die Teilnahme Gottes an unserer Ohnmacht, durch sein Mitleiden und seine Treue bis in den Tod. Gott hält sich die Wunden der Kreatur nicht vom Leibe, er trägt sie selbst; und er hat die Kraft, sie zu verwandeln – so wahr Jesus als Erster von den Toten auferweckt ist. Der Kern der Allmacht Gottes ist seine Liebe. Ohne die Zivilisierung der Macht gibt es keine Zivilisation der Liebe.

Drei Kernpunkte unseres Glaubens. Keinen Augenblick sollten wir dabei vergessen, was in den 2000 Jahren Christentum falsch gelaufen ist und nicht dem Evangelium entsprach. Mit bewundernswertem Mut ist der Papst seit langem schon bemüht, ausdrücklich um Vergebung zu bitten und konkret beim Namen zu nennen, was an Verbrechen auch durch Vertreter der Kirche unter Berufung auf Gott geschehen ist. Das alles betrifft ja nicht nur die Vergangenheit. Wir haben keinen Grund, großsprecherisch zu sein.

Wir haben aber auch gar keinen Grund, uns mit unserem Glauben zu verstecken. Das Evangelium ist ein Schatz, zu dem es auf dieser Erde keine Alternative gibt. Mag sich noch so viel Geröll angesammelt haben in Geschichte und Gegenwart der Kirche, darunter verlaufen Goldadern der Hoffnung: Zivilisation der Liebe durch Zivilisierung der Macht, Freiheit und Menschenwürde, Gewissenskraft, Caritas und schöpferische Selbsthingabe.

Demütig und selbstbewusst geben wir Rechenschaft von unserem Glauben. Und wir fragen zurück: Müssen sich denn heutzutage nur die rechtfertigen, die glauben? Woran glaubt, wer nicht glaubt? Wie stehen die Nichtglaubenden zur Welt und zum Menschen? Wofür stehen sie ein? Welcher Schaden entsteht dort, wo man ohne Gott auszukommen meint? Man muss auch das »ohne Gott« verantworten, mit allen Konsequenzen für die Zukunft unserer Gesellschaft und des Menschen.

Wer sich vom Geist Gottes leiten lässt, der wird nicht beim Jammern und Klagen stehen bleiben. Er wird darauf aus sein, die verborgenen Wege Gottes zu entdecken und mitzugehen, auch durch Wüsten. Die Wallfahrten der Bezirke zum Limburger Dom im Jubiläumsjahr 2000 können uns die Erfahrung schenken, dass wir nicht allein unterwegs sind.

Der Gott, an den wir glauben

Hirtenbrief zur österlichen Bußzeit 1983

Was ist das Gebot der Stunde? Worauf kommt es heute an? Darauf werden unsere Zeitgenossen sehr verschieden antworten, je nachdem, wo der Einzelne steht und worin er das Heil sucht. Wir Christen suchen das Heil in Jesus Christus, wir können diese Fragen darum nicht ohne ihn beantworten. Also: Worauf kommt es Jesus an? Die Antwort des Evangeliums ist eindeutig: Es geht ihm vor allem um Gott. Gottes Herrschaft hat er gegenüber allen menschlichen Autoritäten unnachgiebig zur Geltung gebracht. Eben dies ist heute unsere Aufgabe in der Nachfolge Jesu Christi: Wir schulden der Welt das Zeugnis von Gott.

Zwischen Gott und Götze

Es ist deutlich zu spüren, dass »Gott« heute für viele ein Fremdwort geworden ist, vielleicht ganz in Vergessenheit geraten oder einfach kein Thema mehr ist. In der Öffentlichkeit wird er allenfalls noch bei feierlichen Anlässen erwähnt. Im Übrigen ist er tabu. Unsere Welt wird wie selbstverständlich ohne Gott, gott-los, geplant und gestaltet.

Ist Gott nicht auch im Bewusstsein und in der Praxis der Kirche an den Rand geraten? Wir sprechen vom Schutz der Umwelt und des Lebens, vom Dienst an anderen und am Frieden, von einzelnen Aussagen der kirchlichen Lehre und von der Verwaltung der Sakramente. Das sind zweifellos wichtige Themen. Aber sie können uns so sehr in Anspruch nehmen, dass wir das Ganze dabei aus den Augen verlieren. Dann reden wir schließlich vom Inventar und vergessen das Haus, in dem die Möbel stehen. Oder wir reden über das Haus, als sei dieses selber auch ein Möbelstück. Wir machen Gott zu einem Ge-

genstand der kirchlichen Inneneinrichtung und vergessen, dass er der ist, »in dem wir leben, uns bewegen und sind« (Apg 17,28).

Eigentlich können wir gar nicht »über« ihn reden. Wir können allenfalls zu ihm rufen, stammelnd von ihm sprechen – unter ihm stehend, so wie man in einer Kirche unter dem Gewölbe steht und nur im Ausschreiten des Kirchenschiffes den Raum selber erfahren kann.

Sie denken vielleicht, die Sache ist doch ganz einfach: »Wir glauben ja alle an einen Gott ...« – An welchen Gott glauben wir? Wen meinen wir, wenn wir »Gott« sagen? Diese Frage liegt auch für uns Christen nicht hinter uns, sie steht vor uns. Sie ist nicht erledigt, sondern aufgegeben. Wir müssen das Wort Gott mit unserem Leben durchbuchstabieren. Es kommt darauf an, dass wir dabei die richtigen Buchstaben wählen und sie richtig zusammensetzen, damit nicht »Götze« erscheint, wo Gott stehen sollte.

In der Gottesfrage geht es nicht um blutleere Spekulationen; es geht um uns, es geht darum, wie groß oder klein wir Menschen von uns selbst und von unserer Welt denken. Unser Menschsein, unsere Menschlichkeit steht auf dem Spiel: Sage mir, an welchen Gott du glaubst und ich sage dir, wer du bist.

Ich möchte Sie einladen, der Frage nach Gott in Ihrem Leben Raum zu geben. Die vor uns liegende österliche Bußzeit will uns zu niemand anderem führen als zu Gott. Am Ende dieser Zeit sind wir in der Osternacht bei der Erneuerung des Taufversprechens gefragt: »Glaubt ihr an Gott ...?« Wer sich für Gott entscheidet, widersetzt sich den teuflischen Götzen: »Widersagt ihr dem Satan ...?« Man kann das eine nicht vom anderen trennen. Wir sind gefragt, wofür und wogegen wir sind. In diese Entscheidung stellt uns das Evangelium von der Versuchung Jesu (vgl. Lk 4,1–13). Es führt uns vor Gott, den Jesus uns offenbart hat, und es entlarvt die Götzen.

Drei Lebensfragen

Jesus ist versucht worden, nicht scheinbar, sondern tatsächlich, nicht am Rande, sondern in der Mitte seiner Existenz: in seinem Verhältnis zu Gott. In seiner Auseinandersetzung mit dem Satan zeigt sich, wer Gott ist und wo die Götzen stehen. Die Versuchung entzündet sich an drei entscheidenden Lebensfragen:

Die erste Frage: Wovon leben wir?
Das ist keine Allerweltsfrage. Sie stellt sich sehr konkret jedem Einzelnen von uns. Viele Menschen heute sind davon bewegt, werden krank an dieser Frage: Wovon lebe ich eigentlich? Worum dreht sich mein Leben?

»Befiehl diesem Stein zu Brot zu werden«, rät der Teufel. Die Versuchung ist groß, sich selbst das Brot des Lebens zu machen. Wenn das, was wir uns selbst verdienen und verschaffen, unser Ein und Alles ist, dann haben wir den Götzen leibhaftig vor uns: ein Machwerk unserer Hände. Es hat viele Namen: Der Besitz kann zum Götzen werden, die gesicherte Position, die Leistung, die Wohnung, das Geld. In all diesen Bereichen stehen Entscheidungen an: »Ihr könnt nicht Gott dienen und dem Mammon« (Mt 6,24).

Es genügt nicht, sich mit Selbstgemachtem voll zu stopfen. Es geht darum, Erfüllung zu finden. Es ist eine teuflische Versuchung, den Menschen mit eigenhändigen Produkten abspeisen zu wollen. Der Mensch »lebt nicht vom Brot allein«. Sehen wir nicht, wie er am »Brot allein« zugrunde geht? Er ist zu groß, als dass er an sich selbst oder an den Dingen der Welt genug finden könnte. In alldem ist etwas zu wenig. Gott allein genügt!

Die zweite Frage: Vor wem gehen wir in die Knie?
Der Teufel führt Jesus auf einen Berg, zeigt ihm »alle Reiche der Erde«; und er sagt zu ihm: »All diese Macht und die ganze Herrlichkeit dieser Reiche will ich dir geben … wenn du mich anbetest« (Lk 4,5–7).

Vor wem gehen wir in die Knie? Vor welchen Autoritäten und Instanzen beugen wir uns? Vor den Herren und Herrschaften der Welt mit ihren Verlockungen oder vor Gott? Die Frage spitzt sich heute zu. Schon vor mehr als vierzig Jahren schrieb Teilhard de Chardin: »Der Tag ist nicht mehr weit, an dem die Menschheit wählen kann zwischen Selbstmord und Anbetung.« Dieser Tag ist gekommen. Die Weltmächte rüsten angstbesessen um die Wette. Sind wir dazu verurteilt, uns diesem Bann bedingungslos zu beugen? Die Versuchung ist groß, vor der Rüstung in die Knie zu gehen und von ihr das Heil zu erwarten. Sie kann sich zu einem Götzen verselbständigen, der Sicherheit zu garantieren scheint und in Wahrheit den Tod in sich birgt. Sie hat uns an den Rand des Selbstmordes gebracht. Unsere Generation erfährt, was nie zuvor möglich war: Die Menschheit ist durch Menschen vernichtbar geworden.

Wie ist dieser Bann der Angst zu sprengen? Wie anders als durch den Glauben, dass Gott allein Herr ist und die Herrschaft von Menschen über Menschen beendet. »Du sollst den Herrn, deinen Gott, anbeten und ihm allein dienen!« (Lk 4,8). Das ist wie eine Befreiung, wie eine Erlösung.

Die dritte Frage: Können wir uns auf Gott verlassen?

»Stürz dich hinab oben vom Tempel«, will der Teufel Jesus einreden (vgl. Lk 4,9–11). »Du musst dich doch auf den Schutz der Engel verlassen können. Wie willst du es wagen, im Namen Gottes zu sprechen und dein Leben einzusetzen, wenn du keinen handfesten Beweis hast, dass Gott dich trägt? Mach doch die Probe aufs Exempel.«

Jesus lehnt ab. Gott lässt sich nicht als Beweismittel missbrauchen. Man kann mit ihm nicht experimentieren, man kann sich nicht absichern wollen. Solch garantierter Glaube wäre in Wirklichkeit Unglaube. Wer es mit Gott nur mal versuchen will, der versucht ihn.

Es ist wie bei Menschen, die sich lieben. Da sagt der eine zum anderen: Ich möchte ganz dein eigen sein. Immer will ich mich für dich einsetzen, immer will ich zuerst fragen: Was ist gut für dich? – Das alles wird von Grund auf verkehrt, wenn der andere mich einfach als sein Eigentum betrachtet; wenn er das freie Versprechen, ihm zu gehören, in ein Verfügungsrecht verkehrt. Dann belügt er sich selbst, indem er meine Liebe, die ich ihm nur in Freiheit schenken kann, wie eine platte Gegebenheit verrechnet.

Genau das hat der Teufel im Sinn. Er gibt sich ganz fromm, er führt Gottes Wort im Mund (4,10f.). Man kann das, was Gott den Menschen sein und sagen möchte, auf diabolische Weise verdrehen, unter vollständiger Beibehaltung des Wortlauts. Das ist die satanische Versuchung der Frommen: Die Spannung von Vertrauen und Dankbarkeit, von Liebe und Freiheit wird aufgelöst, der Glauben zu einem Faktor eigener Kalkulation verkehrt, aus dem man Besitzansprüche herleitet. Und ehe wir uns versehen, haben wir es nicht mehr mit Gott zu tun, sondern mit Götzen, und das mitten in der Kirche.

Was habe ich von Gott? Wofür ist er gut? Nützt er mir? In solchen Fragen geht es uns nicht um Gott, sondern um uns selbst. Solange wir so fragen, glauben wir eigentlich nicht. Glaube beginnt dort, wo wir von uns absehen und nach Gott fragen, wo wir nicht nur nach ihm fragen, sondern uns von ihm fragen lassen: Wovon lebst du? Vor wem gehst du in die Knie? Willst du dich mir überlassen? Glaube beginnt dort, wo wir anerkennen, dass Gott ist, und ihn anbeten. – Wir werden wohl nur dann den selbstgemachten Götzen mit ihren Zwängen und Unmenschlichkeiten entgehen, wenn wir uns auf den Weg zu Gott machen. Indem wir ihm begegnen, kommen wir zu uns selbst.

Gott suchen

Dieser Brief ist ein Versuch, die Frage nach Gott unter uns neu zu wecken. Wer ist Gott, und wer sind die Götzen, die uns den Blick auf ihn versperren? – Ich würde mich freuen, wenn Sie sich diesen Fragen in der österlichen Bußzeit stellten. Vielleicht könnten Sie sich im Kreis der Familie oder in Gesprächskreisen der Gemeinde auf dieses Thema einlassen.

Die Frage nach Gott ist kein Thema, das nur die Experten angeht.

Sie ist unser aller Thema. Jede aufrichtige Erfahrung, die der Einzelne im Lauf seines Lebens gemacht hat, ist ein Beitrag dazu. Haben Sie nicht schon Erfahrungen mit Gott gemacht? Jeder von uns hat im Glauben unmittelbar Zugang zu Gott. Darum hat jeder sein Wort zur Sache zu sagen. Die Gemeinde ist der Ort wechselseitiger Ermunterung auf dem Weg zu Gott. – Glaube ist eine Weise, Gott zu suchen und sich von ihm suchen zu lassen. Ich wünsche Ihnen, dass Sie sich auf die Suche machen.

Warum Christen beten

Hirtenbrief zur österlichen Bußzeit 1999

»Mit Lisa in der Kirche gewesen. Konnte nicht beten...« Diese kurze Bemerkung aus einem Roman von Martin Walser können wir nachvollziehen. Viele von uns, die den Sonntagsgottesdienst mitfeiern, haben Schwierigkeiten mit dem Beten. Früher wurde gefragt: *Wie* soll ich beten – zu welcher Tageszeit, in welcher Haltung, mit welchen Texten? Heute fragen viele: Warum soll ich überhaupt beten?

Eigenartig: Während das herkömmliche Beten vielen Menschen abhanden gekommen ist, finden religiöse Formen aus dem asiatischen Raum anhaltend starkes Interesse. Der Dalai Lama kann sich des Zustroms nicht erwehren. Das ist doch seltsam – oder? Suchen die Menschen anderswo, was sie bei uns nicht finden? Dann wäre es höchste Zeit, dass wir einen neuen Zugang zum Beten suchen.

Beten und Handeln

»Not lehrt beten«, hieß es früher. Lehrt Not beten? Sie hat uns das Planen gelehrt. »Kluger Mann sorgt vor«, und die Frau natürlich auch – für die Gesundheit, für das Alter und überhaupt für Lebensrisiken. Wir nehmen unser Leben selbst in die Hand. Wozu da noch beten? Es lenkt doch nur davon ab, selbst etwas zu tun. Nicht die Bitte um jenseitige Hilfe wendet die Not, sondern die diesseitige Tat. So denken viele.

Zu einem Rabbi kommt ein Schüler und fragt ihn, was Glauben sei. Der Rabbi führt ihn zum Fenster und fragt ihn: »Was siehst du da?« Der Schüler antwortet: »Ich sehe Menschen, Häuser, Bäume...« – Der Rabbi führt ihn ins Innere des Raumes vor einen Spiegel und fragt ihn: »Was siehst du jetzt?« Der Schüler antwortet: »Jetzt sehe ich mich selbst.« – »Siehst du«, sagt der Rabbi, »wenn du dein Leben lässt, wie es ist, so siehst du wie durch Glas auf die ganze Welt bis zu ihrem Schöpfer. Ist dir aber das Glas nicht genug und legst du nur ein bisschen Silber auf, dann siehst du nur dich selbst.«

Wer glaubt, blickt durch. Wer betet, bleibt nicht vor dem Spiegel stehen – bei sich und seinem Aussehen. Er sieht weiter, über sich selbst hinaus. Er weitet seinen Horizont. Wir sind nicht die Techniker und Macher unseres Daseins. Das Leben ist voller Überraschungen, einfach spannend. Es geht weit über das hinaus, was wir planen und ins Werk setzen. Wir leben nicht nur vom Markt und vom Geschäft. Wir leben von Vertrauen, von Hoffnung und Liebe, kurzum von dem, was nicht zu machen und zu kaufen ist. Das verändert uns – und die Welt. Wenn aber die Liebe Realität ist und Realitäten schafft, sollte dann der Dialog mit dem Ursprung der Liebe ohne Wirkung sein? Das kann doch nicht wahr sein! Christen glauben: Am Anfang von allem steht nicht etwa nur der Urknall oder irgend etwas, sondern *Er,* Gott in Person, schöpferische Liebe. Und der Dialog mit diesem Ursprung unseres Daseins ist die Achse, um die sich alles dreht. Das heißt beten. Es ersetzt nicht das eigene Tun. Aber ebenso wenig ersetzt unser Tun das Beten.

Beten als Ausdruck von Freiheit

Steht Beten im Widerspruch zu Freiheit und Selbstbestimmung? Viele meinen, wer betet, gebe seinen Verstand und Willen an der Kirchentür oder an der Himmelstür ab. Anstatt aufrichtig und aufrecht selbst zu denken und zu entscheiden, schiebe er Gott die Verantwortung zu. »Kopf ab zum Gebet!«, spottet Kurt Tucholsky.

Verliert man sein Rückgrat, wenn man vor Gott in die Knie geht? Nur wer ein Rückgrat hat, kann sich verneigen. Wer von einem anderen Menschen angesprochen ist und sich ihm in Liebe zuwendet, ist doch nicht weniger frei als der, der sich der Liebe versagt. Im Gegenteil! Die Liebe macht ihn freier. Wer Gott glaubt, wer sein Wort hört und darauf antwortet, wird nicht weniger Mensch, sondern mehr. Wo könnte größer von der Vernunft und der Würde des Menschen gedacht werden als dort, wo er sich Gott zuwendet. »Der Mensch ist nie so groß, wie wenn er kniet«, sagt Papst Johannes XXIII.

Wer nicht betet, ist kurzsichtig. Er bringt sich um seine größten Lebensmöglichkeiten, er bringt sich um die Geschichte mit Gott. Nie sonst findet er so zu sich selbst. Glaube und Vernunft, Gebet und Freiheit schließen sich nicht aus, sondern sind spannungsvoll aufeinander bezogen. Beten macht frei, frei von der Angst um sich selbst, die die Phantasie unserer Liebe verkümmern lässt.

Meditation statt Gebet?

Viele Menschen suchen heute Anregungen in der Spiritualität Asiens. Sie sind darauf aus, den inneren Raum ihrer selbst zu erkunden, sich selbst zu verwirklichen mit Leib und Seele. Meditation hat Konjunktur. Gerade nachdenkliche und geistlich wache Menschen finden sich darin wieder. Wer wollte das gering schätzen! Freilich darf dabei das persönliche Gebet nicht zu kurz kommen. Viele denken leider, es sei durch die Meditation überholt. Sie können es einfach nicht glauben, dass der unsagbare Gott uns im Angesicht Jesu Christi begegnet und uns durch seinen Heiligen Geist beim Namen ruft. Meditation ja, Gebet nein – so eine verbreitete Meinung.

»Du bist mein Atem, wenn ich zu dir bete«, sagt eines unserer neueren Kirchenlieder (Gotteslob, Nr. 621,3). Was der Atem für das Leben ist, das ist das Beten für den Glauben. Nichts ist uns innerlicher als der Atem. Er ist wie die Lebensenergie, die uns durchströmt. Deshalb hängt viel davon ab, gründlich durchzuatmen. Keine Meditation ohne Einführung ins richtige Atmen. Im Atmen sind wir ganz bei uns, und zugleich stehen wir im lebendigen Austausch mit unserer Umwelt – und mit Gott, dem wir den Atem verdanken.

»Du bist mein Atem, wenn ich zu dir bete.« *Du* bist mein Atem: Da ist ein Gegenüber in deutlichem Unterschied zu mir, und doch ist es mein Atem. Das Beten ist ein Beziehungsgeschehen. Ob Anbetung oder Bitte, ob Lob oder Klage – immer geht es um Ausdruck und Einübung einer lebendigen Beziehung. Wie jede Beziehung zwischen Menschen ihre Höhe- und Tiefpunkte hat, ihre Seligkeiten und ihre Entfremdungen, so ist es auch für die Begegnung mit Gott im Gebet und in der christlichen Meditation.

Lernorte des Betens

Dort, wo unser Atem zu flach ist oder zu kurz, wo wir Atembeschwerden haben oder gar in Atemnot geraten, bedarf es entsprechender Übungen. Das gilt nicht minder für das Beten: Was eigentlich selbstverständlich ist, kommt doch nicht von selbst. Die Jünger bitten Jesus: »Lehre uns beten« – schon damals! Beten will gelernt sein, wie eine Sprache, wie die Liebe. Und es will geübt sein in lebenslanger Weiterbildung. Ohne Übung wird keiner Meister. Wo gibt es Lernorte des Betens?

- Ich habe das Beten nicht so sehr in großen liturgischen Feiern gelernt, sondern in den kleinen Traditionen zu Hause in der Familie, im Morgen- und Abendgebet und im Tischgebet, auch durch das Kreuz, das mir die Mutter immer neu auf die Stirn gezeichnet hat. Das prägt sich ein. Ich kenne junge Eltern, die es mit ihren Kindern heute ähnlich machen. Warum eigentlich nicht? Das Beten muss im alltäglichen Leben Hand und Fuß gewinnen.
- Ein Pfarrer erzählte mir, ein junger Mann habe ihn gefragt: »Wo lernt man hier eigentlich das Beten?« Er sei bei der Antwort ins Stottern gekommen. Sind unsere Gemeinden Lernorte des Betens? Ich weiß das intensive katechetische Bemühen sehr zu schätzen. Führt es dazu, dass die Kinder und Jugendlichen beten lernen? Sollten in den Gemeinden nicht vorab Gebetstreffen eingerichtet werden, eine Art Gebetsschule?

- Der Gottesdienst ist ein vorrangiger Lernort des Betens. Indem wir mit der Kirche mitbeten, lernen wir, persönlich zu beten. Und umgekehrt lebt der Gottesdienst mit davon, dass wir lernen, unser Herz ins Gebet zu legen. Wenn einer jemanden wirklich gern hat, so bleibt er ihm gegenüber nicht stumm. Ob wir tatsächlich mit Gott rechnen und ihm das Herz zuwenden, zeigt sich in unserem Beten.

So ist das heute: Viele von uns beginnen den Tag in Hektik und fallen abends hörfunk- und fernsehgestresst todmüde ins Bett. Wir brauchen dringend Ruhezonen, einen Lärmschutz für die Seele. Der Biorhythmus allein tut's nicht, auch der Gebetsrhythmus bedarf der Pflege. Wo sind die Orte und Minuten im Tagesablauf, da wir vor Gott und bei Gott verweilen? Weniges ganz und regelmäßig zu tun, ist besser als vieles halb und zufällig.

Das Risiko der Freiheit

Hirtenbrief zur österlichen Bußzeit 1987

Inbegriff des Lebens

Freiheit – dieses Wort bewegt uns wie kaum ein anderes. Es prägt unsere Lebensgeschichte von Anfang an. Schon die kleinen Kinder mühen sich nach Kräften, auf die eigenen Beine zu kommen, hoffnungsvoll und riskant zugleich die ersten Schritte zu tun, ihren Freiheits- Spiel-Raum zu erkunden. Junge Menschen sind auf die große Freiheit aus. Sie »nehmen sich die Freiheit«, wollen in Sturm und Drang und oft unter Schmerzen die vorgegebenen Bindungen durchbrechen. Sie fordern die Freiheit der Eltern heraus: ihren Mut, die Kinder freizugeben und Vertrauen in sie zu setzen. Wieder anders stellt sich die Freiheit den älteren Menschen: Sie mutet ihnen zu, sich loszulassen, wenn die Kräfte abnehmen und der Tod anklopft.

Freiheit ist auch ein Thema der Menschheitsgeschichte. Wir können unsere persönliche Freiheit nicht abgesondert von der neuzeitlichen Entwicklung bedenken. Wenn wir von unseren demokratischen Freiheitsrechten Gebrauch machen, dann nehmen wir wie selbstverständlich in Anspruch, was in Jahrhunderten vor uns erstritten und erarbeitet worden ist. Wissenschaftliche Forschung und Entdeckerkraft haben zusammen mit den Möglichkeiten technischer Entwicklung unseren Freiheitsraum geweitet. In diesem Wagnis der Freiheit sind freilich auch alle Ängste und Gefahren aufgebrochen, die wir nicht überspielen dürfen, wenn wir uns und den Menschen nach uns die Freiheit erhalten wollen.

Keine Frage: Freiheit ist ein Leitwort unseres Lebens. Auch der Kirche? Denken Sie, wenn Sie »Kirche« hören, an Freiheit? Wahrscheinlich fällt Ihnen da anderes ein: Gebot, Gehorsam, »du musst...«, »du darfst nicht...« Sicher, es gibt die Befreiungstheologie. Aber zeigt nicht gerade der Streit um sie, wie schwer sich die Kirche tut mit der Freiheit?

Gleichwohl sind wir Christen zur Freiheit berufen, nicht trotz unseres Glaubens, sondern aufgrund unseres Glaubens. Der Name Gottes bürgt für Freiheit. Die alte Erzählung von Schöpfung und Sündenfall (vgl. Gen 2,7–9; 3,1–7) ist wie ein Steckbrief unserer Freiheitsgeschichte.

Gott bürgt für Freiheit

Die Geschichte unserer Freiheit beginnt in Gott. Man kann nicht von Freiheit reden, ohne von Gott zu sprechen. Der Mensch ist aus Gottes Freiheit geboren. Er empfängt sich aus seiner Hand. Er ist und bleibt sich selbst vorgegeben. Ganz nüchtern wird in der Schöpfungsgeschichte gesagt, was wir täglich erleben können. Der Stoff, aus dem wir sind, ist »Erde vom Ackerboden«, nicht himmlisch, sondern ganz und gar irdisch, von der Erde aufgehoben, wie aus dem Nichts. Man könnte meinen, wir seien null und nichtig, würden wir nicht Gottes Geist empfangen, seinen Lebensatem. Erst so kommen wir zu uns selbst.

Hat das alles etwas mit der Freiheit zu tun? Allerdings! Wer nicht weiß, wem er sich verdankt, meint am Ende, er müsse sich selber schaffen. Er gerät unter die Tyrannei seiner eigenen Leistung. Frei bleibt er nur, wenn er nicht vergisst, woher er kommt.

Gleichsam zur Erinnerung daran steht da ein Baum im Paradiesgarten, von dem niemand essen darf. Nicht als wollte Gott dem Menschen nicht alles schenken! Aber eben dem Menschen, der seine Grenzen kennt. Nur von Gott her kann er die Spannung seiner endlichen, aus dem Nichts gehobenen Freiheit bestehen.

Aus der Grauzone zwischen der Wichtigkeit und der Nichtigkeit des Menschen taucht die Schlange auf: »Hat Gott wirklich gesagt ...?« Sie verdreht Gottes Wort – statt eines Ausrufezeichens setzt sie dieses unheimliche Fragezeichen dahinter: Meint Gott es wirklich gut, wenn er uns mitten in der paradiesischen Schöpfung auf unsere

Grenzen aufmerksam macht? Fürchtet er vielleicht Konkurrenz? Missgönnt er uns die Freiheit? Der Verdacht ist in der Welt, der Riss zwischen Gott und Mensch.

Adam und Eva wollen frei sein, frei von Gott. Sie wollen sich von Gott emanzipieren, zu deutsch: sich seiner Hand entziehen. Das hat Folgen! Können sie leben ohne die tragende Hand Gottes? Tragen sie sich selbst? Sie überheben sich gewaltig! Die Angst, ins Nichts zurückzufallen, bringt als Gegenpol den Wahn hervor, wie Gott zu sein. Sie greifen nach den Sternen – und fallen schließlich aus allen Wolken. Da gehen ihnen wirklich die Augen auf: Sie sind nicht wie Gott, sie sind nackt und bloß. Und ihre Erde ist nicht mehr paradiesisch, sondern voll Elend, Schweiß und Tod. Es beginnt das ganze Drama der Menschheitsgeschichte, die Zerstörung der Innenwelt und die Zerstörung der Umwelt.

Ist das das Ende vom Lied, vom Lied unserer Freiheit? Ja – wenn Gott nicht wäre! Er hätte Adam und Eva ja einfach sich selber überlassen können; und sie wären ins Leere gelaufen, in die eigene Leere. Nein, Gott bleibt ihnen gerade in der Schuld treu. Er zieht selber mit aus dem Paradies und geht ihnen nach durch die Menschheitsgeschichte, bis heute: Adam, wo bist du? Eva, wo bist du? Gott bleibt ihnen verbunden, in der Gestalt dieser Frage: Wo seid ihr? Was habt ihr mit meiner und eurer Freiheit gemacht?

Adam, wo bist du?

Wo sind wir? Wo stehen wir? Die ganze Weltgeschichte lässt sich verstehen als ein einziges Mühen, das verlorene Paradies neu zu gewinnen, hin- und hergerissen zwischen der zerstörerischen Angst und der unzerstörbaren Sehnsucht, die von Gottes Paradies weiß. Vor allem die Geschichte der letzten Jahrhunderte lässt sich lesen als großer Kommentar zur Erzählung von Schöpfung und Sündenfall.

Wir sind dabei, etwas vom verlorenen Paradies zu suchen und auch zu finden – nicht zuletzt durch Erfindergeist und Entdeckermut, durch

Energie und Phantasie. Nichts davon soll aus dem Glauben heraus abgewertet werden. Christen dürfen keine Miesmacher sein. Gerade wenn wir ernst nehmen, dass uns Gottes Lebensatem eingehaucht ist, dann zeigt sich in unserer Freiheit etwas von Gottes Freiheit.

Die Entwicklung von Wissenschaft und Technik zum Beispiel hat uns einen Zuwachs an Freiheit gebracht bis ins alltägliche Leben: Maschinen und Computer nehmen uns lästige Arbeit ab, die Gestaltung der Welt bis hin zur Entdeckung des Weltraumes ermöglicht uns schnelle Kontakte und Informationen. Wer von uns wollte auf Auto oder Telefon verzichten? Wer schätzt nicht die Möglichkeiten der Medizin?

Aber man kann auf all das nicht hinweisen, ohne auch die Kehrseite der Medaille zu betrachten: die Preise, die wir für einen solchen Fortschritt zu zahlen haben, und die Risiken, mit denen zu leben wir uns angewöhnt haben. Diese Kosten lassen heute den größeren Teil der Menschheit in ein immer tieferes Elend sinken. Und was den Menschen nach uns bleibt, steht – dunkel genug – in den Sternen, seitdem wir mit der Militarisierung des Weltalls begonnen haben. Was ist geblieben vom Paradies, in dem der Mensch unter den anderen Geschöpfen seinen Platz hat und seine Verantwortung für sie wahrnimmt? Wir spielen uns wie Herrgötter auf in der Natur und beuten sie aus, auf Teufel komm heraus! Und dann kommt er heraus. Unser Jahrhundert, das eines der fortschrittlichsten hätte sein können, ist voll Ungerechtigkeit, Unfreiheit und Gewalt. Nur langsam dämmert die Erkenntnis, dass wir, die wir wie Gott sein wollten, nackt sind. Und neu trifft uns die Frage: Adam, wo bist du? Eva, wo bist du? Wir, die wir unsere Blöße nicht wahrhaben wollen, sehen uns durchschaut. Und die Folgen unseres neuzeitlichen Freiheitsverständnisses erreichen uns täglich mehr und immer gefährlicher. Oft ist heute vom »Restrisiko« die Rede. Wird es uns den Rest geben?

»Adam, wo bist du?« – »Adam« meint den Menschen überhaupt, jeden Menschen. Mitten in den konkreten Situationen unseres Berufslebens und unserer Familie sind wir gefragt: Wo bist du? Womit bist du beschäftigt? Warum versteckst du dich? Vor wem und vor was hast du Angst? Der uns so fragt, will uns nicht auf unsere Schuld festnageln. Er will uns retten trotz unserer Versäumnisse und Verwegenheiten. Der Verlust des Paradieses ist nicht der Verlust des Erbarmens Gottes. Das ist die Summe des Evangeliums. Es ist für keinen von uns zu spät.

»Adam, wo bist du?« – Gott richtet diese Frage auch an uns als Kirche: Wo bist du »in der Welt von heute«? Bist du Anwalt der Freiheit? Trittst du für das Recht jedes Menschen ein? Bist du auf dem Weg der Umkehr? Bist du fähig, deine Grenzen zu akzeptieren? Versteckst auch du dich vor mir? Bei wem suchst du Sicherheit?

Ich lade Sie ein, in den Wochen der Fastenzeit – wenn möglich auch gemeinsam in Gruppen – darüber nachzudenken, worin der nächste Schritt bestehen könnte auf dem Weg zur Freiheit der Kinder Gottes. Christus ermutigt uns, Freiheit zu wagen, die in unserer Gesellschaft immer mehr an den Rand gedrängt oder verraten wird:

- die Freiheit, Mensch zu sein und sich nicht »wie die Herrgötter« zu gebärden;
- die Freiheit, das »Stöhnen der Schöpfung« (Röm 8,22) wahrzunehmen;
- die Freiheit, sich zugunsten anderer einzuschränken und zurückzunehmen;
- die Freiheit, Schuld einzugestehen und um Vergebung zu bitten;
- die Freiheit, sich den eigenen Gebrechen und Leiden zu stellen und am Leiden anderer mitzuleiden.

Die ganze Schöpfung wartet sehnsüchtig, dass die Freiheit der Söhne und Töchter Gottes offenbar wird (Röm 8,19.21). Sind wir so frei? Ich wünsche es uns.

»Nach Gottes Ordnung und in Gottes Freiheit« – das christliche Gewissen

Hirtenbrief zur österlichen Bußzeit 1995

Am 2. Februar 1945 wurde der Jesuitenpater Alfred Delp in Plötzensee hingerichtet. Einige Tage vor seinem Tod schrieb er an sein Patenkind: »Das war der Sinn, den ich meinem Leben setzte, besser, der ihm gesetzt wurde: die Rühmung und Anbetung Gottes vermehren; helfen, dass die Menschen nach Gottes Ordnung und in Gottes Freiheit leben und Menschen sein können.« Wie wenige damals ist Pater Delp seinem Gewissen gefolgt. Er hat sich nicht dem Zeitgeist unterworfen und ist auch keine faulen Kompromisse eingegangen. Mutig hat er sich an die Wahrheit gehalten, die ihm der Glaube schenkte und an die er sich im Gewissen gebunden fühlte.

Gewissen – was ist das?

Wenn vom Gewissen die Rede ist, denken wir zunächst an die eigene, persönliche Entscheidung: »Das muss jeder mit seinem Gewissen ausmachen.« Mein Gewissen – das ist meine Sache; da hat mir niemand hereinzureden. Den Spruch meines Gewissens höre nur ich selbst, und ich habe die Konsequenzen daraus zu ziehen.

Sind wir wirklich so unabhängig, so autonom in unserer Gewissensentscheidung? Von Kindheit an dringen viele Stimmen auf uns ein: »Lass das!«, »So wird's gemacht!« Die Medien tun ihr Übriges. Sind wir fremdbestimmt?

Es ist wie mit der Sprache: Sie ist in uns angelegt. Und doch kommen wir erst zum Sprechen, weil andere mit uns gesprochen haben. Ähnlich das Gewissen: Es ist von Anfang an in uns da, aber es kommt erst im Austausch mit anderen zur Entfaltung. Dabei kann es durch äußeren Druck entstellt werden und durch innere Leere verflachen. Aber es ist nie ganz auszulöschen.

Das Gewissen ist die tief eingewurzelte Ur-Erinnerung an das Gute und Wahre. Jeder und jede von uns sind ansprechbar auf das, was gut ist. Jeder und jede haben eine Ahnung von dem, was wir im Schuldbekenntnis aussprechen: »Gutes unterlassen und Böses getan«. Mag sich auch noch so viel Schutt darübergelegt haben: unerledigte Aufgaben, verdrängte Entscheidungen und unterdrückte Schuldgefühle – ganz tief drinnen wissen wir alle, was böse ist und was gut ist. Das Gewissen sagt es uns. Und wir sind gut beraten, darauf zu hören, um uns treu zu bleiben und die Wahrheit unseres Lebens nicht zu verfehlen.

Unser Gewissen regt sich in den »Gewissensbissen«, ob wir es wollen oder nicht. Es meldet sich wie eine Stimme, die sich letztlich der fremden und eigenen Verfügung entzieht. Darum sagen wir: »Das muss ich *vor* meinem Gewissen verantworten.« »Vor meinem Gewissen«, das heißt: Ich stehe vor ihm wie vor einer letzten Instanz. Das Zweite Vatikanische Konzil formuliert es so: »Das Gewissen ist die verborgenste Mitte und das Heiligtum im Menschen, wo er allein ist mit Gott, dessen Stimme in diesem seinem Innersten zu hören ist« (GS 16).

Jeder Mensch ist in seinem Gewissen Gott unmittelbar nahe. Das macht uns unantastbar in unserer Würde. Das garantiert unsere Freiheit. »Die Geburtsstunde der menschlichen Freiheit ist die Stunde der Begegnung mit Gott«, sagt Alfred Delp. Gott bürgt für Freiheit, er schützt uns vor dem Übergriff anderer und vor uns selber. Wer der Freiheit des Gewissens Gewalt antut, wendet sich gegen Gott.

Gewissen und Weisung

Alfred Delp bringt es auf den Punkt: Es geht darum, dass die Menschen »nach Gottes Ordnung und in Gottes Freiheit leben«. Wer Freiheit mit Bindungslosigkeit gleichsetzt, versteht nichts von ihr. Sie wird sich nur denen erschließen, die gelernt haben, sich zu binden und verbindlich zu leben. Erst so sind wir »in Ordnung«. Gottes Ordnung will uns nicht einengen oder gar entmündigen, ganz im Gegenteil: Der uns als Schöpfer im Gewissen anspricht, kommt uns in seiner Offenbarung entgegen, um unserem Leben eine Richtung zu geben und unserer Sehnsucht eine Orientierung.

Für den Anspruch Gottes den Menschen gegenüber hat Israel den treffenden Begriff »Weisung« (hebräisch »Tora«). Die zehn Worte der Weisung (»Gebote«) haben den einzigen Sinn, den Weg in die Freiheit zu schützen. Sie machen uns nicht klein, sondern groß, sie lassen uns aufrecht gehen. Gottes ermutigendes und herausforderndes Wort ist für uns der Maßstab unseres Gewissens. Es ist uns definitiv geschenkt in Jesus Christus. Er ist »der Weg, die Wahrheit und das Leben« (Joh 14,6). Sein Evangelium erschließt uns den Weg in die Freiheit.

Gottes Weisung ersetzt unser Gewissen nicht. Beide sind aufeinander bezogen. Wie schwer sind wichtige Lebensentscheidungen zu treffen, wie sehr sind wir auf Rat und Ermutigung angewiesen, aber auch auf Einspruch und Konfrontation. Unser Gewissen bedarf der Vergewisserung in Gottes Weisungen, um der Freiheit auf der Spur zu bleiben.

Weisung und Gewissen, »objektive Normen« und »subjektive Überzeugung« werden heute oft wie Feuer und Wasser gegeneinander gestellt. Normen – so sagt man – sind Sache der Institution und des Amtes; sie werden damit als lebensfremd und gewissensfeindlich abgestempelt. Umgekehrt definiert sich der Einzelne auf eigene Faust und setzt sich selbst das Maß. Er merkt nicht, wie schnell er zum Spielball öffentlicher Meinungen werden kann. Oft genug ist das, was er dann sein eigenes Gewissen nennt, ein modisches »Ich von der Stange«.

Wir machen es uns zu leicht, wenn wir Gewissen einfach mit persönlicher Gewissheit gleichsetzen. Dann zählt schließlich nur noch das subjektive Überzeugtsein. Und die Frage nach der Wahrheit bleibt auf der Strecke. Hitler und seine Komplizen haben sich auch auf ihr Gewissen berufen. Sind sie dadurch gerechtfertigt? Dann würden die Mörder über ihre Opfer triumphieren, und das noch unter Berufung auf ihr Gewissen! Das kann doch nicht wahr sein! Es muss objektive Maßstäbe geben, die die Wahrheit setzt und an denen sich das Gewissen zu orientieren hat. Nicht wir bestimmen, was gut und böse ist; das ist uns vorgegeben, in Gottes Ordnung. Wahrheit ist mehr als das, was der Einzelne für richtig hält. Sonst geht sie unter in einem Allerlei von Meinungen, die das Gewissen nur als Feigenblatt für Beliebigkeit missbrauchen. Die Wahrheitsfrage ist *die* Gewissensfrage. Wo sie in Vergessenheit gerät, stumpft das Gewissen ab und verwahrlost. Das kann zur tödlichen Gefahr einer ganzen Gesellschaft werden, wie in den Zeiten der Herrschaft des Nationalsozialismus. Wer vor der Wahrheitsfrage resigniert, wird kaum jene Widerstandskraft aufbringen, die nicht nur damals nötig war.

Gewissen und Kirche

Allzu schnell wird die Kirche gegenwärtig auf die Seite derer gestellt, die das Gewissen missachten. Dabei hat gerade sie im Laufe ihrer Geschichte wesentlich dazu beigetragen, eine Kultur des Gewissens und der Personenwürde grundzulegen und zu entfalten. Aber auch das andere ist zu sagen, dass sie nicht selten in Widerspruch zu ihrer eigenen Tradition geraten ist und gerät. Zu ihrer Geschichte gehören auch die Methoden der Inquisition und die Verfolgung Andersdenkender, gehören der Fall Galilei und der Fall Jeanne d'Arc – und nicht nur sie.

Zwischen dem Gewissensspruch des Einzelnen und dem Glauben der Kirche besteht grundsätzlich kein Gegensatz. Dabei kann es im konkreten Fall durchaus zu erheblichen Spannungen kommen. Das Gewissen kann den einzelnen Christen zu einer Handlung verpflichten, die gegen die kirchliche Lehre steht. Dieser Gewissensspruch darf aber nicht selbst zur Norm erhoben werden. Der Einzelne allein hat ihn zu verantworten.

Das Gewissen ist die innere Grenze der Kirche. Die Kirche umgekehrt als Gemeinschaft der Glaubenden ist der Anwalt des Gewissens und fordert es heraus. So ist das Wort von Kardinal Newman zu verstehen: »Wenn ich genötigt wäre, bei Trinksprüchen nach dem Essen ein Hoch auf die Religion auszubringen, dann würde ich gewiss auf den Papst trinken, jedoch zuerst auf das Gewissen und dann erst auf den Papst.« Der Papst ist dem Gewissen nicht entgegengesetzt, er hat es zu verbürgen und dafür einzustehen. Spräche er gegen das Gewissen, »dann würde er Selbstmord begehen«, sagt Newman. Der Primat des Gewissens und der Primat des Papstes sind zusammengebunden im Primat der Wahrheit. Ihr haben beide zu dienen.

Kirche ist nicht zuerst für sich selber da. Sie hat die Pflicht, in der Welt Anwalt des Gewissens zu sein. Gerade in diesem Jahrhundert ist sie oft unter schweren Verfolgungen für die Wahrung der Menschenrechte und der Menschenwürde eingetreten. Nicht selten ist sie in Ländern der »Dritten Welt« die einzige Institution, die den Stimmlosen ihre Stimme leiht und denen ins Gewissen redet, die Unrecht tun.

Die Erinnerung an Pater Delp und andere, die gegenüber dem totalitären Anspruch eines unmenschlichen Systems die Freiheit des Gewissens mit dem Einsatz ihres Lebens bezeugten, mahnt uns an unser eigenes Gewissen. Es ist gefragt, auch wenn heute nicht so sehr ins Auge springt, wo überall die Wahrheit und die Würde des Menschen bedroht sind. Vieles in unserer Gesellschaft ist darauf angelegt, das Gewissen einzuschläfern, es einfach abzuschieben oder abzutreiben. Als Christen sind wir aufgerufen, es zu schärfen, und das nicht nur in eigener Sache. Unser Gewissen ist herausgefordert durch die Menschen und Vorgänge »am Rande«, durch die Fragen, die das Überleben der Menschheit betreffen in unserer Einen Welt. Gott schenke uns Mut, auf unser Gewissen zu hören, und die Kraft, ihm zu folgen.

MITEINANDER KIRCHE SEIN

Ja zur Kirche

Hirtenbrief zur österlichen Bußzeit 1991

Nach dem Konzil

Was ist nur mit der Kirche los? Nicht wenige in ihr machen ein trauriges Gesicht, können sich kaum noch darüber freuen, dass sie katholisch sind. Das sah vor Jahren anders aus. Mancher denkt an den Aufbruch des Konzils zurück. Fenster wurden aufgestoßen, frischer Wind kam herein: eine offene Kirche, den Menschen in ihrer Freude und Hoffnung, in ihrer Trauer und Angst zugewandt, nicht abgehoben, sondern ebenerdig. Viele dachten, die guten Worte des Konzils würden umgehend erfahrbare Wirklichkeit. Die Kirche sei nun tatsächlich ganz dicht bei den Menschen, gerade auch bei denen, deren Name in keiner Zeitung steht. Sie sei auf der Höhe der Zeit und suche ernsthaft das Gespräch mit Wissenschaftlern und Künstlern. Sie sei bereit, von Frauen und Jugendlichen zu lernen. Sie sei nicht so sehr mit ihrem Selbsterhalt beschäftigt, sondern setze sich selbst entschieden für andere ein, wie sie es in Worten immer empfiehlt.

Nicht wenige sehen sich heute in ihren Hoffnungen enttäuscht. Jugendliche fragen sich: Habe ich in der Kirche überhaupt Platz, will man mich da wirklich? Eltern sagen: Wir selber halten schon noch durch, aber unsere Kinder? – Dabei ist der Hunger nach Gott durchaus zu spüren. Viele suchen geistliche Nahrung. Finden sie bei uns mehr als Konserven – gar noch mit überschrittenem Verfallsdatum?

Eine ebenso tiefe Enttäuschung über die Situation der Kirche führt nicht wenige Katholiken zu einer ganz anderen Sicht der Dinge. Sie sagen: »Die Öffnung des Konzils hat einen viel zu hohen Preis gefordert. Lautlos treten jährlich Tausende aus den Kirchen aus, das Glaubenswissen verdunstet, eine Generation wächst nach, die nach dem Motto lebt: ›Ich glaub nix, mir fehlt nix.‹ Die Kirchen werden leerer,

Ordensgemeinschaften schrumpfen, Pfarreien bleiben ohne Pfarrer, der Pluralismus unterschiedlicher Meinungen in der Kirche ist nicht mehr zu ertragen. Das alles«, so sagen sie, »hat die ganze nachkonziliare Entwicklung uns eingebrockt...«

Die Kirche ist nicht Gott

In dieser Spannung stehen wir, so oder so davon betroffen. Wen belastet das nicht? Was haben wir falsch gemacht? Haben wir vergessen, dass Reformen weder vom Himmel fallen noch verordnet werden können, dass sie uns selbst fordern, durchbetet und durchlitten sein wollen? Haben wir zu wenig bedacht, dass Menschen die Kirche bilden, Menschen wie Sie und ich? Haben wir in unseren Reformvorstellungen nach den Sternen gegriffen? Viel Kritik kommt aus übersteigerten und enttäuschten Erwartungen.

Ich unterschätze das Gewicht solcher kritischer Anfragen nicht. Gleichwohl will ich hier nicht auf einzelne Punkte der Kirchenkritik eingehen. Ich möchte Ihnen stattdessen einige Grundaussagen zur Kirche nahe bringen – nicht um von offenkundigen Problemen abzulenken, sondern um Koordinaten aufzuzeigen, die die einzelnen Punkte einordnen. Sonst drängen sich bestimmte Probleme mit der Kirche übermächtig in den Vordergrund und stellen alles andere in den Schatten.

Eine ganz einfache Wahrheit hilft mir, die Kirche zu sehen, wie sie ist: Die Kirche ist nicht Gott. Sie ist nicht das Ziel des Glaubens, sie ist im wahrsten Sinne des Wortes »vor-läufig«. Zweifellos ist sie als Gemeinschaft der Glaubenden unbedingt notwendig. Ohne die Menschen, die vor mir geglaubt haben und mit mir glauben, wäre ich nicht der, der ich bin und sein möchte. Nie wäre ich so herausgefordert worden, mich mit dem Evangelium auseinander zu setzen. Ich möchte die Kirche mit dem Reichtum ihrer Erfahrungen, der Vielfalt ihrer Begabungen, vor allem der Heiligen wegen, nicht missen.

Aber sie ist nicht das Ziel, sie ist nicht Gott. Durch und durch in

Gottes Treue gehalten, ist sie eben doch auch menschlich und oft allzu menschlich. Darum – so hat Kardinal Ratzinger es formuliert – darf man »eine Totalidentifikation mit der jeweiligen empirischen Kirche nicht wollen«. Das hieße ja, sie sei vollkommen, und die Umkehr habe sich für sie erledigt. Tatsächlich aber beginnen wir jede Eucharistiefeier, zu der wir uns als Kirche versammeln, mit dem Eingeständnis unseres Versagens.

Weg zum Ziel

Das Credo macht einen sehr wichtigen Unterschied, den wir im Deutschen sprachlich leider so nicht mitvollziehen. Dort heißt es: »Credo *in* Deum«, ich glaube »*an* Gott«, ich überlasse mich ihm, ich lege mein Leben in seine Hand. Dagegen heißt es bei der Kirche: »Credo ecclesiam«, ich glaube »*die* Kirche« – als Mittel, als Weg zum Ziel. Das A und O des Glaubens ist allein der dreifaltige Gott.

Damit ist die Kirche ins rechte Licht gerückt, in das Licht Gottes. Sie ist keine menschliche Erfindung, sondern eine Schöpfung des Heiligen Geistes. Er ist die Seele der Kirche, ihre treibende Kraft. Sie ist kein Verein, der sich selbst immer neu zur Disposition stellen könnte. Wäre sie nur ein x-beliebiger Interessenverband, dann hätten die Christen, nicht zuletzt die Bischöfe und Priester und auch die Päpste, sie längst zugrunde gerichtet. Ist es nicht ein Wunder, dass sie trotz aller Menschlichkeit und allen Ärgers mit der Institution nach 2000 Jahren immer noch da ist und sich erneuert? Offenkundig, sage ich mir, steckt mehr dahinter. Ich sage das nicht zuletzt aus den Erfahrungen des 20. Jahrhunderts. Wir haben erlebt, wie gewaltige Systeme, deren Vertreter sich wie Herrgötter gebärdeten, innerhalb weniger Jahrzehnte kommen und gehen.

Die Kirche ist nicht Gott. Aber Gott hat sich durch seinen Geist bleibend mit ihr verbunden. Durch sie schenkt er uns seine Gegenwart und Gemeinschaft, sein Wort und Sakrament, und dies in guten und in bösen Tagen. Weil er sie nicht fallen lässt, dürfen wir zu ihr stehen, sie in ihrer Gebrechlichkeit anschauen und lieben. Sie gehört nicht dem Papst, sie gehört nicht uns Bischöfen und Priestern, sie gehört allein Gott: »Paulus, Apollos, Kephas ... alles gehört euch; ihr aber gehört Christus, und Christus gehört Gott«, heißt es im Ersten Korintherbrief (3,22f.). Wir sind nicht bestimmter Menschen wegen in der Kirche, sondern Gottes wegen. Und darum dürfen wir uns um Gottes willen nicht bestimmter Menschen wegen von der Kirche verabschieden. Die Entscheidung, um die es hier geht, stellt uns vor Gott. Das Evangelium Jesu Christi und seine Verkündigung in aller Welt sind wichtiger als Ärgernisse in der Kirche.

Worauf kommt es an in dieser bedrängenden Stunde der Kirche? Dass wir unser spezifisches Gewicht wahren, das Gewicht des Glaubens. Dann kommen wir nicht ins Schleudern. Dann können wir gelassen das uns Mögliche tun, damit die Kirche immer mehr wird, wozu sie da ist: der Raum, Gott zu suchen und zu finden, zum Heil der Menschen.

Das Sakrament der Taufe

Hirtenbrief zur österlichen Bußzeit 1990

Was tun?

Diese Situation ist im Pfarrhaus keine Seltenheit: Es schellt, ein junges Paar steht vor der Tür und möchte mit dem Pfarrer sprechen: »Wir wollen unser Kind taufen lassen.« Der Pfarrer bittet sie ins Zimmer und kommt mit ihnen ins Gespräch. Er merkt bald, dass die beiden kaum noch Kontakt zur Kirche haben. »Aber wir wollen für unseren Tobias alles tun, was für ihn gut ist«, sagen sie: »Die Taufe gehört doch dazu. Später kann er dann ja selbst entscheiden.« Und: »Er soll auf jeden Fall in den Kindergarten, er soll später in der Schule keine Probleme bekommen, weil er nicht getauft ist. Schließlich wollen wir auch ein richtiges Fest feiern; denn diese Geburt, das ist schon ein ziemlicher Einschnitt in unserem Leben. Da wollen wir nicht so sang- und klanglos zum Alltäglichen übergehen. Die Großeltern drängen ja auch schon, wann Tobias denn nun endlich getauft wird.«

Der Pfarrer fragt die Eltern, wie es denn mit ihrem eigenen Glauben steht. »Ach wissen Sie, wir sind keine Kirchgänger«, sagen sie. »Man kann ja auch so ein ganz guter Mensch sein. Und was der Papst so sagt, da haben wir unsere eigene Meinung. Gott – ja, Gott muss es wohl geben. Man kann ja nicht wissen ... Aber das machen wir mit uns selbst aus.«

Sie können sich denken, dass der Pfarrer ziemlich ratlos dasteht: »Was tue ich, wenn ich dieses Kind taufe?«, fragt er sich. »Wird es wirklich in die Kirche eingegliedert? Wie soll das geschehen, wenn weder Eltern noch andere Familienmitglieder aus eigener Überzeugung das Glaubensbekenntnis für das Kind sprechen können? Taufe ich nur für eine schöne Familienfeier? Für Kirchensteuer und Kirchenstatistik? – Oder muss ich froh sein, dass dieses junge Paar überhaupt noch am Pfarrhaus schellt? Ist das heute nicht schon eine Art Bekenntnis zur Kirche? Darf ich den glimmenden Docht ganz auslöschen?«

Fragen über Fragen. Was ist uns die Taufe wert? Welchen Stellenwert hat sie in unseren Gemeinden? Was wissen wir über die Taufe, und was bedeutet sie uns in unserem eigenen Leben? All diese Fragen möchte ich an Sie weitergeben.

»... wie neu geboren«

Wir kennen die Taufe als Sakrament der Wiedergeburt. Wiedergeburt – danach fragen und suchen heute viele Menschen. Sie möchten noch einmal von vorn beginnen, anders, bewusster, wahrer, ohne den ganzen Ballast ihrer Lebensgeschichte. Manche reisen dafür in Gedanken oder auch tatsächlich bis nach Indien. Gibt das nicht zu denken? Während die Wiedergeburt bei vielen Menschen hoch im Kurs steht, sinkt die Wertschätzung unseres Sakramentes der Wiedergeburt. Warum bringen die Menschen ihre großen Lebenshoffnungen und Sehnsüchte nicht mehr mit dem christlichen Glauben zusammen? Hat unsere Taufe den Bezug zum Leben verloren?

Noch einmal von vorne beginnen, wie neu geboren ... Wir glauben, dass das in unserer Taufe geschehen ist. Nur erfahren wir das kaum noch, es kommt uns gar nicht mehr in den Sinn. Das ist unser Problem. Dabei haben wir doch alle schon Augenblicke erlebt, da »fühlten wir uns wie neu geboren«. Es war, »als wären wir ein anderer Mensch geworden«. War das nicht so, als uns jemand begegnet ist »fürs Leben«? Oder als uns in dunkler Stunde »ein Licht aufging«? Oder als wir uns entschieden haben zu einem Weg ohne Wenn und Aber?

Oder wir haben Einbrüche erlebt, den drohenden Untergang – und sind doch wieder aufgetaucht, haben den Kopf über Wasser bekommen und Boden unter die Füße. Solche Erfahrungen prägen uns, manchmal für's ganze Leben. Wir kommen heraus wie neu geboren, wie ein anderer Mensch.

Wie neu geboren! Wie deuten wir solche Erfahrungen, wie verarbeiten wir sie? Wes Geistes Kind sind wir, wenn wir wie neu geboren sind? Am Anfang des Christenlebens steht die Taufe aus dem Wasser und dem Heiligen Geist. Der Geist Jesu eröffnet uns einen neuen, ungeahnten Lebensraum, er eröffnet uns Gott. *Er* ist der Schlüssel für unsere Erfahrungen, das Ziel unserer Sehnsüchte. Kann man merken, wes Geistes Kind wir sind? Wenn wir selbst entdecken, dass die Taufe uns eine einzigartige Chance schenkt, wie neu geboren zu leben, wird dieses Tor der Taufe für andere wieder auffindbar und lädt zum Eintreten ein.

Pro und Contra

Wir sind alle getauft, zumeist als Kinder. War's das schon? Keineswegs! Die Taufe stellt sich uns als Lebensaufgabe. Wann uns Gott aufgeht in den Umbrüchen und Aufbrüchen unseres Lebens und der Geschichte, wann wir Jesus entdecken als Herrn und Heiland unseres persönlichen Lebens, das haben wir nicht in der Hand. Doch wir können uns dafür bereithalten.

Wenn wir in der Osternacht das Taufversprechen erneuern, werden wir gefragt, wofür und wogegen wir sind: Pro und Contra, Zusage und Absage. Der Christ darf nicht zu allem Ja und Amen sagen, ebenso wenig wie Jesus in den Versuchungen seines Lebens. Wir sind getauft im Namen des Vaters und des Sohnes und des Heiligen Geistes:

- Wer Gott als seinen Vater bekennt, den Schöpfer des Himmels und der Erde, braucht nichts und niemanden zu fürchten, auch keine wirtschaftliche und politische Macht, keine öffentliche Meinung. Er gewinnt den Mut, allen zu trotzen, die sich wie Herrgötter gebärden.
- Wer Jesus Christus als den Heiland und Erlöser der Welt bekennt, braucht auf keinen anderen Messias zu warten. Er weiß, in Jesus

ist der Unterschied zwischen Gott und Mensch grundgelegt. Wir brauchen nicht länger wie Gott sein zu wollen, Gott sei Dank! Von Gottes Gnaden können wir endlich Mensch werden und Mensch bleiben.

- Wer den Geist Jesu als den Heiligen Geist bekennt, der lebendig macht, widersetzt sich dem Ungeist, der in der Luft liegt und sie verpestet. Er lernt zu unterscheiden zwischen dem, was Leben fördert und Leben vernichtet. Er durchschaut das Scheinheilige und das Scheintote. Er lässt sich nicht belügen und belügt sich nicht selbst.

Christen sind keine Notare des Zeitgeistes. Wo führt uns unser Glaube dazu, dass wir uns dem allgemeinen Geschmack, dem Urteil und der Meinung der Mehrheit widersetzen? Gibt es einen aus unserem Glaubensbekenntnis gespeisten christlichen Widerstand? Wozu stehe ich, auch wenn es schwer fällt? Wem halte ich die Treue durch Anfechtungen und Zweifel hindurch?

Zur Taufpraxis

Unsere Taufpraxis ist in die Krise geraten. Für immer mehr Menschen, die selber getauft sind, ist die Taufe ihrer Kinder nicht mehr selbstverständlich. Und der Wunsch kirchenfremder Eltern, ihr Kind zu taufen, bringt Seelsorger in schwere Gewissenskonflikte. Die Frage nach dem rechten Verständnis und einer überzeugenden Praxis der Taufe sollte von allen, die im Dienst der Seelsorge unseres Bistums stehen, in persönlichem Studium und in Seelsorgekonferenzen neu erarbeitet, beraten und möglichst praktisch beantwortet werden. Zugleich bitte ich Sie alle: Pfarrgemeinderäte, Eltern und Familien, Gesprächskreise, Erzieherinnen und Religionslehrer, Katechetinnen, Katecheten und Jugendgruppen, sich an diesen Überlegungen zu beteiligen. Ich möchte Ihnen einige Hinweise geben, die das Nachdenken und das Gespräch in Gang bringen können:

- Wie empfängt eine Gemeinde ihre Neuankömmlinge? Ist das allein Sache des Pfarrers? Wer führt sie in die Gemeinde ein?
- Nie sind so viele Menschen in unsere Städte und Dörfer eingewandert, die nicht getauft sind. Ich denke nicht nur an die Muslime, sondern auch an die vielen Menschen aus den neuen Bundesländern. Welche Erfahrungen mit dem Christentum werden sie in unseren Gemeinden machen? Welche Möglichkeiten sind da, dass Erwachsene auf dem Weg zur Taufe begleitet werden?
- Glaube entsteht nicht von heute auf morgen. Wie empfangen wir die, die sich ein wenig für unseren Glauben interessieren, die bei der Taufe ihres Kindes mehr Zweifel als Überzeugung mitbringen? Gilt bei uns das »Alles oder Nichts«, oder gestatten wir uns und anderen ein stufenweises Zugehen auf den Glauben? Wie wird bei uns das Patenamt wahrgenommen?
- Warum lassen Menschen ihre Kinder nicht mehr taufen oder empfehlen anderen, auf die Taufe zu verzichten? Wo spüren wir selbst Widerstand in uns gegenüber der gängigen Taufpraxis? Was ist an die Stelle der Taufe getreten?
- Was ist zu tun, wenn kaum eine Chance besteht, dass ein Kind durch Menschen seiner Umgebung in den Glauben eingeführt wird? Soll die Taufe aufgeschoben werden bis zur eigenen Entscheidung?

Ich würde mich freuen, wenn das Gespräch über diese Fragen an vielen Orten und in vielen Gruppen in Gang käme. Vielleicht können wir so gemeinsam daran mitarbeiten, dass unsere Taufpraxis erneuert wird und dass die Sehnsucht vieler Menschen nach einem wahreren Leben nicht ins Leere geht, sondern zum Ziel kommt. Und sicher werden wir selbst klarer erkennen, wozu wir Ja und Amen sagen und wem wir uns zu widersetzen haben.

Lasst euch versöhnen mit Gott

Hirtenbrief zur österlichen Bußzeit 1984

»Es war einmal ein Mann«, so erzählt eine Geschichte aus der Weisheit Asiens, » den ängstigte der Anblick seines eigenen Schattens so sehr, dass er beschloss, ihn hinter sich zu lassen. Er sagte zu sich: Ich laufe ihm einfach davon. So stand er auf und lief davon. Aber der Schatten folgte ihm mühelos. Er sagte zu sich: Ich muss schneller laufen. Also lief er schneller und schneller, lief so lange, bis er tot zu Boden sank.«

Unsere Schatten

Es war einmal ein Mann ... – ein Mann – eine Frau – Sie – ich – jedermann. Jedermann hat seinen Schatten, nicht nur wenn die Sonne scheint. Er gehört zu uns, er folgt uns auf dem Fuße. Unsere Schatten haben verschiedene Gestalt.

Manche von uns sehen sich ganz in den Schatten gestellt. Sie haben's schwer mit sich und der Welt. Sie leiden daran, dass sie so sind, wie sie sind, nicht so gewachsen wie andere nebenan, nicht mit den Begabungen, die ein anderer hat. Sie werden nicht damit fertig, dass sie im Beruf keine Anerkennung finden, dass sie seit Jahren auf der Stelle treten oder abgeschoben werden.

Manche sitzen abends allein in ihren vier Wänden, ohne einen Menschen, mit dem sie sich aussprechen können, ohne jemanden, für den sie da sind und der sie braucht; allein mit den falschen Lebensentscheidungen, mit den Dunkelheiten des eigenen Daseins.

Es gibt Konflikte, die sich wie ein Schatten über die Familie legen; wenn Eltern auf einmal spüren: Unsere Kinder sind uns fremd geworden, wir verstehen sie nicht mehr. Wir haben versucht, unser

Bestes zu geben, und es ist, als ob das alles ins Leere geht. Aber auch: wenn Kinder spüren, dass der Anspruch großer Worte nicht durch das Verhalten der Erwachsenen gedeckt ist, und enttäuscht ihre eigenen Wege gehen.

Schatten werden sichtbar, wenn wir erfahren, dass unser Leben Stückwerk ist, dass vieles von unseren Plänen und hoch gesteckten Zielen auf der Strecke bleibt. Wir gehen mit großen Hoffnungen an den Start und enden schließlich in Filzpantoffeln ... Und schließlich wirft der Tod seine Schatten voraus. Wenn die Sonne sinkt, am Abend des Lebens, werden die Schatten länger ... Viele Menschen haben eine unheimliche Angst vor dem Altwerden.

Schatten unserer Endlichkeit, Schatten unsere Lebensgeschichte, dazu gehört auch der Schatten unserer Schuld. Wer von uns kann sagen, dass er einfach gut ist? Wer von uns muss nicht zugeben, dass bei aller Liebe irgendwo doch noch ein Stück Selbstsucht mit im Spiel ist? Oft genug machen wir anderen das Leben schwer oder gehen ihnen ans Leben: Wir machen sie herunter, um selbst groß herauszukommen. Wir lassen sie unsere Macht spüren, wenn wir »am Drücker« sind. Wir nutzen sie aus und leben auf ihre Kosten. Das alles erschwert oder zerstört Leben, nicht selten so tief, dass es nicht wieder gutzumachen ist.

Das alles betrifft uns gerade als Christen. Wir wissen nur zu gut: Auch bei uns ist oft der Teufel los, ist oft mehr Schatten als Licht. Wir führen große Worte im Mund. Sieht man uns an, was wir sagen und für wichtig halten? Sind wir anders als andere, oder machen wir einfach nur mit? Nicht selten sind wir recht durchschnittlich, auch kleinkariert, kaum weltbewegend.

Wer von uns wird seiner sozialen, öffentlichen Verantwortung gerecht? Klafft nicht ein ungeheurer Abgrund zwischen unserer Verantwortung für die Welt und unserem privaten Dahinleben? Da sitzen wir abends im Fernsehsessel und lassen die Schreckensbilder an uns vorbeirauschen – in Farbe! Und wir hören die Schreie verzweifelter Menschen – in Stereo! Die Fernsehansagerin lächelt, obwohl das, was sie sagt, zum Heulen ist. Sind wir uns bewusst, dass wir mitschuldig werden können an der Verelendung der Dritten Welt, mitschuldig werden können an der Zerstörung der Umwelt, am Wettrüsten?

Schatten werden sichtbar, wenn wir in die Geschichte unseres Jahrhunderts (und unseres Volkes) schauen: 1914, 1933, 1939 und schließlich 1945, das Jahr, in dem die erste Atombombe über einer von Menschen bewohnten Stadt gezündet wurde und mit ihrem grellen Licht die Welt in eine noch nie dagewesene Dunkelheit gehüllt hat. Wir sind Menschen dieses Jahrhunderts, Menschen nach Auschwitz, nach Hiroshima. Das ist unsere Geschichte. Sie gehört zu uns, und oft regt sie sich in den Träumen.

Es war einmal ein Mann, den ängstigte der Anblick seines eigenen Schattens so sehr, dass er sagte: Ich laufe ihm einfach davon. In der Tat: Es ist oft zum Davonlaufen. Der Anblick des eigenen Schattens kann uns Angst einjagen. Zum Davonlaufen ... Weg von den Konflikten, weg von den zerbrochenen Beziehungen, weg von den Halbheiten und Inkonsequenzen, von Versagen und Schuld, weg, weit weg, ja nichts mehr davon hören, ja nichts mehr davon sehen. – So sind wir auf der Flucht vor unserem Schatten. Aber er sitzt uns auf den Fersen, er folgt uns mühelos. Noch wenn wir auf der Flucht zusammenbrechen, werfen wir Schatten.

Im Schatten des Baumes

Muss die Schatten-Geschichte so enden, dass man sich totläuft? Nein, es gibt noch eine andere Möglichkeit. Die Erzählung deutet sie an, in einem Nachsatz: »Wäre der Mann in den Schatten eines Baumes getreten, so wäre er seinen eigenen Schatten losgeworden. Aber darauf kam er nicht.« – Wie hätte er auch darauf kommen können, als er aus Angst vor seinem Schatten blindlings die Flucht ergriff? Man muss sehen lernen – und sich stellen, unter den Baum. Wo ist der Baum, der unseren Schatten aufnimmt? Hier sind wir mit unserer Geschichte am Ende. Hier beginnt eine andere Geschichte, Gottes

Geschichte mit uns. Gott hat sich der Sache angenommen, er hat sich unserer Schuld angenommen. Er hat in unserer Mitte einen Baum aufgerichtet: den Baum des Kreuzes. Und er lädt uns ein, uns unter das Kreuz zu stellen.

Wer das tut, der muss nicht mehr von Angst gejagt vor seinem Schatten davonlaufen. Er darf sich aufgenommen und geborgen wissen. Dann kann er innehalten und sich seinem Schatten stellen. Er kann die finsteren Punkte wahrnehmen, die Dunkelheiten, die zu ihm gehören, sein Versagen, seine Pleiten, seine Sünden. Er kann dazu stehen, weil er sich geborgen weiß. Er muss sie nicht bei anderen suchen oder in den namenlosen Strukturen, er kann an seine eigene Brust schlagen. Er muss sie nicht verharmlosen, er kann sie so ernst nehmen, wie sie sind. Er muss sich nicht herausreden, er kann sie sich eingestehen und sie aussprechen, dem anderen gegenüber, nicht zuletzt im Sakrament der Versöhnung. Das ist wie eine Befreiung, wie eine Erlösung – in der Tat ein erlösendes Wort.

Gott lädt uns ein, dass wir uns unter den Baum des Kreuzes stellen. Damit sind nicht mit einem Schritt alle Probleme gelöst und alle Konflikte versöhnt. Wer wollte das sagen – unter dem Kreuz! Damit ist unser Versagen nicht entschuldigt. Damit ist der Anspruch der Nachfolge Jesu nicht zurückgenommen. Aber wir haben einen Ort gefunden, wo wir stehen können. Wenn die Angst uns jagen will, sind wir im Schatten des Kreuzes geborgen. Ob nicht viele Menschen, vom Schatten gejagt, auf der Flucht sind, weil sie den Baum des Kreuzes nicht mehr wahrnehmen? Ob nicht – andererseits – viele Gott nicht mehr wahrnehmen, weil sie sich ihre Schuld nicht eingestehen? Das ist wie ein Teufelskreis!

Das ganze Evangelium ist eine Einladung, sich in den Schatten des Kreuzes zu stellen. Ich gebe diese Einladung an Sie alle weiter mit dem Wort des Apostels Paulus: »Gott war es, der in Christus die Welt mit sich versöhnt hat ... und uns das Wort von der Versöhnung (zur Verkündigung) anvertraute. Wir sind also Gesandte an Christi Statt, und Gott ist es, der durch uns mahnt. Wir bitten an Christi Statt: Lasst euch mit Gott versöhnen!« (2 Kor 5,19f.).

Was können wir, die wir im Dienst des Evangeliums stehen, Besseres tun, als das Wort der Versöhnung weiterzusagen? Dieser Hirtenbrief ist ein Versuch, die Frage nach Sünde und Vergebung unter uns neu anzuregen: Was heißt »Schuld«, »Sünde«, und was ist »Versöhnung mit Gott«? Wo ist mein Schatten? Wie finde ich Vergebung? Ich lade Sie ein, sich diesen Fragen in der österlichen Bußzeit zu stellen.

Wenn die verschiedenen Formen kirchlicher Buße, so fragwürdig sie auch bisweilen praktiziert sein mögen, Eines durchgehalten haben und weiter durchhalten müssen, dann dies: Es geht nicht nur darum, dass wir uns untereinander versöhnen: »Lasst euch versöhnen mit Gott!« Was wäre denn auch gewonnen, wenn wir mit all unserem Reden am Ende wieder nur vor unserer eigenen Tür stehen und feststellen, dass unser Haus leer ist und ohne Verheißung, dass es uns Angst einjagt, Angst zum Davonlaufen. Daher: »Lasst euch versöhnen mit Gott!« Er reicht uns seine Hand und hält uns über dem Abgrund unserer Ängste.

Wer darauf vertraut, der braucht nicht mehr davonzulaufen, wenn er den unerledigten Wust seines Lebens vor sich liegen sieht und ihn der Bodensatz der Geschichte unserer Gesellschaft und der Kirche anekelt. Wo die Angst uns jagen will, da können wir dank Gottes Erbarmen standhalten. Wir dürfen andere einladen, mit in den Schatten des Baumes zu treten, den *Er* für uns und für alle aufgerichtet hat. Das lässt hoffen: für Welt und Kirche und für uns selbst.

Unser Sonntagsgottesdienst

Hirtenbrief zur österlichen Bußzeit 1998

Es ist ein ermutigendes Glaubensbekenntnis, dass viele Menschen jeden Sonntag als Gemeinde Jesu Christi zusammenkommen. Ich möchte Sie auf diese wichtige Versammlung hin ansprechen. Das hat seinen Grund. Unser Sonntagsgottesdienst ist vielerorts im Umbruch begriffen.

Unersetzlich

»Wir können nicht leben, ohne den Tag des Herrn zu feiern.« Dieses Wort aus den Anfängen der Kirche macht deutlich: Wir leben als Christen nicht von der Luft und nicht aus uns selbst, sondern von Jesus Christus. Ihm wissen wir uns verpflichtet als unserem Bruder und Herrn. Wir versammeln uns Sonntag für Sonntag, um in Treue zu seinem Vermächtnis und Auftrag seinen Tod zu verkünden und seine Auferstehung zu preisen, bis er kommt in Herrlichkeit.

Sonntag ist, wenn wir uns zum Mahl des Herrn versammeln. »Herrentag« und »Herrenmahl« gehören zusammen. Christus ruft uns an Seinem Tag an Seinen Tisch als Seine Gemeinde zusammen: »Empfangt, was ihr seid: Leib Christi, damit ihr werdet, was ihr empfangt: Leib Christi« (Augustinus). Die Eucharistie ist für den Sonntag grundlegend. Sie ist durch nichts zu ersetzen. In ihr findet die Gemeinde ihren Ursprung und kommt zu sich selbst. Der Sonntag ist zugleich die Antwort der Kirche auf das, was Christus an uns getan hat und tut. Wer dem Gottesdienst am »Herrentag« fernbleibt, bleibt Christus diese Antwort schuldig und entzieht sich der Gemeinde. Das ist keine Bagatelle.

Gottesdienst heißt: Wir sind für Gott da, weil er für uns da ist. Wir nehmen uns Zeit für ihn, weil er Zeit hat für uns. Weil er uns dient, können wir ihm dienen. Der Gottesdienst am Sonntag muss getragen sein vom täglichen Gebet der Glaubenden, er muss umgeben sein von anderen gottesdienstlichen Formen am Werktag. Sonst wird er leer, man misst ihn schließlich an seinem Unterhaltungswert – und lässt ihn dadurch zur Belanglosigkeit verkommen. Was bringt mir das?, fragen viele. Es geht nicht zuerst darum, dass der Gottesdienst *uns* etwas bringt, sondern dass *wir* uns bringen – vor Gott. Dass wir Eucharistie feiern können, hat Christus das Leben gekostet. Was lassen wir sie uns kosten?

Kirchlicher Notstand

Die Kirche ist ihrem Wesen nach Eucharistie. Schon jetzt aber ist es für etliche Gemeinden im Bistum nicht mehr möglich, sie jeden Sonntag zu feiern. Es belastet mich sehr, dafür Verantwortung tragen zu müssen. Das ist nicht irgendein Problem neben anderen, hier geht es an den Nerv. Wenn die Eucharistie nicht mehr jeden Sonntag gefeiert werden kann, ist das ein akuter kirchlicher Notstand.

Wir haben zu wenig Priester. Dieser Mangel trifft uns am spürbarsten dort, wo wir am tiefsten katholische Gemeinde sind: in der Feier der Eucharistie. In den Jahren meines Dienstes habe ich mich nach Kräften bemüht, den Priesternachwuchs zu fördern. Ich danke allen, die in den Gemeinden zu einem Klima beitragen, in dem Berufungen wachsen können. Gleichwohl geht die Zahl der Priester von Jahr zu Jahr zurück. Das bedrückt mich und macht mich oft ratlos. Der Glaube sagt mir, dass der Priester für die Eucharistie da ist. Deshalb darf die Feier der Eucharistie nicht der Entscheidung über die Zugangswege zum Priesteramt geopfert werden. Wir dürfen nicht dahin kommen, dass der einzelne Priester für immer mehr Messen verantwortlich ist. Die Eucharistiefeier muss für ihn ein Höhepunkt bleiben. Einmaliges kann er nicht beliebig oft vollziehen. Drängt man ihn dazu, dann wird das »Aller-Heiligste« nur allzu schnell in Zeitdruck und Routine untergehen.

Wir dienen dem besonderen Wert der Eucharistiefeier nicht, wenn wir sie vervielfachen. Seit der Mitte unseres Jahrhunderts ist es mit der Einführung der Vorabendmesse und den vielen »Sondergottesdiensten« üblich geworden, möglichst allen Wünschen entgegenzukommen. Ob diese Angebotsmentalität gut ist? Die Sonntagsmesse ist keine Privatangelegenheit. Die Gemeinschaft der Kirche nimmt uns in die Pflicht. Darum sollte die eine Eucharistie in der Gemeinde möglichst nicht in viele Messen aufgesplittert werden. Dann erkennt man nicht mehr deutlich, dass es um den einen Leib Christi geht. *Eine* gemeinsame Eucharistiefeier in jeder Gemeinde – das entspricht der theologischen Erkenntnis und der christlichen Tradition. Ich bitte Sie dringend, die Zahl der Gottesdienste bei der Gestaltung des pastoralen Raumes zu überprüfen; weniger kann oft mehr sein. Auch hier ist überpfarrliche Kooperation das Gebot der Stunde und ein Zeichen von Solidarität.

Wort-Gottes-Feiern

Trotz allem guten Willen und allem gemeinsamen Planen und Aushelfen werden immer öfter Gemeinden im Bistum am Sonntag ohne Eucharistiefeier sein. Was dann? Die Kirche darf nicht geschlossen bleiben. Es wäre fatal, wenn der Gottesdienst ausfiele, weil kein Priester da ist. Die Gemeinde soll sich auf jeden Fall versammeln, um Gottes Wort zu hören und singend und betend einander im Glauben zu stärken. Die Heilige Schrift ermuntert uns dazu: »Das Wort Christi wohne mit seinem ganzen Reichtum bei euch. Belehrt und ermahnt einander in aller Weisheit! Singt Gott in eurem Herzen Psalmen, Hymnen und Lieder, wie sie der Geist eingibt, denn ihr seid in Gottes Gnade« (Kol 3,16). Ein solche »Wort-Gottes-Feier« ist keine Privatsache, sie ist Gottesdienst der Kirche, zu deren Leitung Frauen und Männer von mir beauftragt werden. Wer sie mitfeiert, entspricht dem Sinn der Sonntagspflicht.

Ich freue mich darüber, dass in solchen Situationen verantwortungsvoll mitgedacht und nach guten Lösungen gesucht wird. Ich danke ausdrücklich allen Frauen und Männern, die »Gottesdienste ohne Priester« gestalten. Das Bistum wird Ihnen dabei verstärkt Anregungen anbieten. Es wäre sehr zu wünschen, dass in diesem Zusammenhang die Schätze der Stundenliturgie neu entdeckt würden. Allerdings: Eine Wort-Gottes-Feier am Sonntag anstelle der Eucharistie ist und bleibt ein Handeln aus der Not heraus. Wir dürfen aus der Not keine Tugend machen, als sei sie *die* Lösung der Zukunft. Dann erübrigte sich schließlich die Eucharistiefeier – um den Preis des Kircheseins. Die Zukunft der Kirche liegt sicher nicht darin, dass Eucharistiefeier und Priesteramt immer mehr aus dem Blick geraten. Man kann sie nicht durch anderes austauschen. Aus theologischen Gründen geht es nicht an, dort, wo am Sonntag (oder am Vorabend) die Eucharistie gefeiert wird, dauerhaft eine Wort-Gottes-Feier einzurichten anstelle einer zweiten Messe. Zur Eucharistiefeier gibt es keine Alternative. Das muss spürbar bleiben.

Soll mit der Wort-Gottes-Feier eine Kommunionfeier verbunden sein? Diese Frage ist heftig umstritten. Die Wort-Gottes-Feier hat ihre eigene Gestalt und ihre eigene Bedeutung. Sie bedarf nicht der Ergänzung durch eine Kommunionfeier. Diese kann nur allzu leicht das besondere Gewicht des Wortes Gottes und das Wesen der Eucharistiefeier verdunkeln. Schließlich hat das letzte Konzil die früher verbreitete Vorstellung überwunden, der Empfang der Kommunion könne einfach aus der Feier der Eucharistie herausgelöst werden. Bei der Wort-Gottes-Feier sollte man also möglichst auf die Kommunionspendung verzichten. Auf jeden Fall ist der Eindruck einer »kleinen Messe« zu vermeiden.

Das Herzstück der Kirche

Ich möchte Sie alle an Ihre Verantwortung für unseren Sonntagsgottesdienst erinnern. Wir sprechen nicht von ungefähr vom Aller-Heiligsten. Gerade in der gegenwärtigen Umbruchssituation muss er uns heilig bleiben. Ich bitte Sie, aus dem Gesagten vor allem folgende Punkte zu bedenken und miteinander zu besprechen:

- Die Eucharistiefeier muss das Herzstück der Kirche und jeder Gemeinde bleiben. Hier suchen wir das Angesicht Gottes, indem wir das Leben, das Sterben und die Auferstehung Jesu Christi erinnern und uns auf seine Wiederkunft ausrichten.
- Es ist Ziel und Aufgabe der Kirche, dass sich jede Gemeinde am Sonntag zur gemeinsamen Feier der Eucharistie versammelt. In vielen Fällen kann eine gemeinsame Planung weiterführen. Die Gemeinden tragen füreinander Verantwortung.
- Wo bei bestem Willen keine Eucharistiefeier stattfinden kann, ist die Wort-Gottes-Feier angezeigt. Sie sollte nach Möglichkeit nicht mit einer Kommunionfeier verbunden werden.
- Die gegenwärtige Situation bietet die Chance, dass alle Getauften und Gefirmten sich ihrer Verantwortung für den Gottesdienst neu bewusst werden. Im Zusammenspiel der verschiedenen Dienste wächst die Gemeinde, nicht durch Profilierungsdrang.

In jeder Eucharistiefeier wird für den Papst und für den Bischof namentlich gebetet. Das lässt erkennen, wie sehr wir im Volk Gottes mit unserer unterschiedlichen Verantwortung aufeinander verwiesen sind. Ich möchte Sie ausdrücklich um Ihre Solidarität bitten. Lauteres Mitdenken ist gefragt, nicht eigenmächtiges Ausnutzen der schwierigen Situation. Gehen wir den Weg gemeinsam, nicht in ängstlicher Sorge, sondern in der festen Zuversicht, dass der Herr bei uns ist.

Berufung

Hirtenbrief zur österlichen Bußzeit 2001

»Man kann dem Leben nicht mehr Tage geben, aber den Tagen mehr Leben.« Dieser Kalenderspruch hat's in sich. Unsere Tage sind gezählt – wir können sie nicht vermehren. Aber wir können den Tagen, die uns geschenkt sind, mehr Leben geben. Darum geht's.

Ins Leben gerufen

Wir besitzen das Leben nicht wie eine Armbanduhr oder wie ein Grundstück. Wir sind in unser Leben hinein aufgewacht. Wir haben nicht die geringste Erinnerung an diesen Augenblick; alle anderen um uns wussten damals früher als wir selbst, dass es uns gibt. Nur weil uns Mutter und Vater immer wieder bei unserem Namen gerufen haben, sind wir mit der Zeit bei uns selber angekommen.

Wir sind ins Leben »gerufen«, sagt die Bibel. Noch vor den Eltern hat der Schöpfer des Himmels und der Erde uns aus dem Nichts ins Dasein gerufen: Komm, ich möchte, dass du lebst; ich freue mich auf dich; es soll die Welt nicht ohne dich geben!

Am Anfang von allem und an unser aller Ursprung steht nicht irgendetwas, sondern Gott in seiner schöpferischen Liebe. Er hat jede und jeden von uns beim Namen gerufen. Das ist der Grund unserer besonderen Würde, darum sind wir in besonderer Mission unterwegs. Wir sind weder Zufallsprodukte noch Blindgänger. Jeder ist ein Original, keiner eine Kopie. Mit jedem hat Gott Besonderes vor. Das zu wissen, kann unseren Tagen mehr Leben geben, ob wir jung sind oder hochbetagt, erfolgreich oder ein Pechvogel, unbefangen oder durch eine tiefe Verletzung gezeichnet. »Liebe deine Geschichte«, sagt Tolstoi. »Sie ist der Weg, den Gott mit dir gegangen ist.«

Das Geheimnis der eigenen Lebensgeschichte zu entdecken und zur Entfaltung zu bringen, ist unser Auftrag – das Abenteuer unseres christlichen Lebens. Es geht weit über das hinaus, was wir planen und ins Werk setzen können.

Vor dem Hintergrund der abgrundtiefen Verachtung und Verletzung der Menschenwürde durch die totalitären Systeme des zurückliegenden Jahrhunderts hat das Zweite Vatikanische Konzil nachdrücklich »die hohe Berufung des Menschen« bezeugt und »erklärt, dass etwas wie ein göttlicher Same in ihn eingesenkt ist« (GS 3). Die Berufung durch Gott und die darin gegebene Ermächtigung zum Leben geht allen Berufungen in der Kirche voraus. Die Kirche ist dazu da, diese Berufung zur Entfaltung zu bringen. So kann sie erkennen, wohin Gott sie führen will, wo er sie heute und morgen braucht.

Der Lebenswahrheit folgen

Wer aufmerksam die Zeichen der Zeit beobachtet, kann eine erstaunliche Entdeckung machen: Bücher, Filme und Bilder haben Konjunktur, die das Leben als Entdeckungsreise beschreiben. Ob in den Weltraum oder in fiktive Welten, ob in den Innenraum der eigenen Seele und des Körpers, ob in ferne Länder, Kulturen und Religionen – es gilt, den Horizont zu weiten und der eigenen Lebenswahrheit auf die Spur zu kommen.

Auch die Bibel spricht davon, dass die Glaubenden und das ganze Volk Gottes unterwegs sind, wie auf einer abenteuerlichen Entdeckungsreise. Die Urgestalt des Aufbruchs ist Abraham: »Geh deinen Weg vor mir und sei ganz« (Gen 17,1). Abraham vertraut diesem Ruf Gottes. Der Glaube gibt ihm festen Boden unter die Füße, so kann er seinen Weg gehen. Paulus nennt ihn darum den Vater der Glaubenden. Die Bibel ist wie eine Symphonie unzähliger Berufungs- und Aufbruchsgeschichten. Keiner beruft sich selbst. Immer geht dem Aufbruch der Anruf Gottes zu einem neuen, größeren Leben voraus. Gott zwingt nicht, er ruft – mit der Stimme der Sehnsucht im eigenen Herzen, im Anruf anderer Menschen, im Geheimnis seines unmittelbaren Wirkens: »Ich stehe vor der Tür und klopfe an. Wer meine Stimme hört und die Tür öffnet, bei dem werde ich eintreten...« (Apk 3,20).

Berufungsgeschichten – das gilt auch für die Zeit der Kirche – schildern keine Beamtenlaufbahn, keine Bilderbuchkarrieren. Da werden keine heimlichen Elternwünsche erfüllt. Da hört sich jemand bei seinem Namen gerufen und antwortet: »Hier bin ich« – ich Jesaja, ich Maria, ich Petrus. Oft genug werden die Berufenen wie Paulus völlig aus der Bahn geworfen. Unter Schmerzen und durch Dunkelheiten hindurch erst werden sie fähig zu tun, was in Gottes Augen an der Zeit ist.

Da gibt es Zeugen der Gewissensfreiheit wie Thomas Morus und Franz Jägerstätter; Märtyrer des Widerstands gegen die Tyrannei wie Alfred Delp und Dietrich Bonhoeffer; die Mystikerin der Straße Madeleine Delbrêl und die Mutter der Sterbenden in Kalkutta, Schwester Teresa; Anwälte der Armen wie Oscar Romero und Helder Camara; Männer der Politik wie Robert Schuman und Dag Hammarskjöld; Menschen der schweigenden Anbetung wie Charles de Foucauld und nicht zu vergessen die Gottverliebten wie Theresia von Lisieux und Simone Weil. Mehr als Tausend aus allen Kontinenten hat der Papst als Selige oder Heilige in den Blick gerückt. Sie alle gehören zu den »Berufenen«, die sich Christus, dem »Schrittmacher des Glaubens« (vgl. Hebr 12,2), angeschlossen haben und dem Volk Gottes Orientierung geben. »Habt keine Angst, die Heiligen des neuen Jahrtausends zu sein!«, hat der Papst den Jugendlichen in Rom zugerufen.

Abenteurer des Glaubens

Es braucht Menschen, die uns überzeugend an unsere Berufung erinnern und sie stärken. Es braucht Berufene, um unserer Berufung willen.

Gott ruft jeden, aber mit jeweils anderer Stimme. Da sind die Ordensfrauen und die Ordensmänner, die Diakone und die Priester, die Pastoralen Mitarbeiterinnen und Mitarbeiter. Von ihrer aller Einsatz lebt das Bistum. Sie alle brauchen geeignete junge Nachwuchskräfte, damit uns auf Dauer die Luft nicht ausgeht.

Mich treibt vor allem der dramatische Rückgang der Priesterberufe um. Seit langer Zeit werden wir im kommenden Jahr zum ersten Mal keine Priesterweihe haben. Das ist ein alarmierendes Signal, es ist mir sehr in die Knochen gefahren. Was ist los mit unseren Gemeinden, mit unserer Kirche, dass so wenig junge Leute auf den Gedanken kommen, Priester zu werden? Wir sind mit den meisten Dingen perfekt ausgestattet, es läuft. Aber ist bei uns die Glut des Evangeliums zu spüren, die Leidenschaft für Gott? Wir leugnen ihn nicht, aber wir rechnen auch nicht ernsthaft mit ihm. Unser Gott ist weder zu fürchten noch zum Verlieben. Fängt jemand damit an, wird er schnell in die charismatische Ecke gestellt. So reden und erklären wir viel, aber es kommt kaum noch durch, was wir der Welt schulden: das Zeugnis vom lebendigen Gott. Der Priesterberuf steht und fällt mit der Liebe zu Gott. Sie ist das Abenteuer des Glaubens.

Viele sagen heute: Schafft doch den Zölibat ab, dann ist das Problem erledigt. Ob das so einfach ist? Da bin ich skeptisch! Es hat zudem keinen Sinn, sich immer nur auf etwas zu fixieren, was nicht in unserer Entscheidung liegt. Ich bin überzeugt, es wird in der Kirche auch in Zukunft ehelos lebende Priester geben. Warum also nicht ermutigend für sie eintreten? Davon lasse ich mich nicht abbringen. Ich möchte vor allem junge Menschen ansprechen, ihrer Berufung nachzuspüren und auf den Lockruf Gottes im eigenen Herzen zu hören. Ich möchte Ihnen aus eigener Erfahrung versichern: Es kann wie nichts sonst das Leben erfüllen, Gottes Gegenwart zu bezeugen und die Hoffnung auf ihn unter die Leute zu bringen.

Herrscht in unseren Familien und Pfarreien ein Klima, in dem Priester willkommen sind? Was sagen Sie jungen Leuten, die sich mit dem Gedanken tragen, Priester zu werden? Sagen Sie: »Du bist verrückt! Lass die Finger davon«? Oder sagen Sie: »Toll, mach das«? Sie alle tragen Mitverantwortung für die Berufung zum kirchlichen

Dienst. Ich kann nur die Priester in die Gemeinden senden, die aus den Gemeinden kommen. Beten Sie mit mir, dass junge Menschen dem Ruf des Herrn als Priester folgen.

Nachfolge weckt Nachfolger

Aufbruch heißt auch Abschied nehmen. Das ist mit Schmerzen verbunden. Sie treffen gerade uns Ältere. Wir sind in einer bestimmten Kirchengestalt groß geworden und müssen nun Abschied nehmen von lieb gewordenen Gewohnheiten und Brauchtümern. Es führt nicht weiter, wenn wir den alten Zeiten nachtrauern, verdrossen und missmutig beiseite stehen und uns vornehmlich mit uns selbst beschäftigen. Aus diesem Tief kommen wir am schnellsten heraus, wenn wir uns neuen Aufgaben zuwenden, wenn wir als Kirche neu aufbrechen wie Abraham. Sieht man uns an, dass der Weg des Glaubens das Leben nicht verdirbt und verkümmern lässt, sondern freisetzt und reich macht? Dann können wir einladend werden für andere, dann können wir andere anstecken und anstiften, dann geht die Kette der Berufungen weiter. Nachfolge bringt Nachfolger hervor. Sie sind Frucht gelebten Evangeliums, nicht Ergebnis panischer Geschäftigkeit. Je mehr wir alle unsere je eigene Berufung neu entdecken und ihr folgen, desto eher wird auch der Priesterberuf vom Evangelium her neu Gestalt gewinnen.

Ein Fischer an der Atlantikküste im Nordosten Brasiliens stellt beim Schriftgespräch die Frage: »Warum berief Jesus Fischer wie Petrus zu seinen Aposteln?« Darauf antwortet ein anderer Fischer: »Wer sich zu Lande bewegt, baut Straßen aus Beton und Asphalt. Und er wird immer wieder diesen Weg benutzen. Ein Fischer aber sucht die Fische dort, wo sie sind. Deshalb sucht er jeden Tag einen neuen Weg, um die Fische ausfindig zu machen. Es kann sein, dass der Weg von gestern nicht zu den Fischen von heute führt.« – Lassen Sie uns, unserer Berufung getreu, zu den Mitmenschen von heute aufbrechen.

Als Priester in der Gemeinde Jesu Christi

Hirtenbrief zur österlichen Bußzeit 1986

Was sagen Sie, wenn ein junger Mann Ihnen eines Tages erklärt, er wolle Priester werden? Werden Sie ihn ermutigen? Werden Sie ihm abraten? Die Zeiten sind vorbei, in denen Verwandte und Freunde sagen: Großartig! Ich freue mich darüber! Eher werden sie zögern oder den Kopf schütteln; und sie werden ihre Gründe dafür haben.

Geschmack an Gott

Ich kann gut verstehen, dass Eltern heute unsicherer sind als früher, ob sie ihren Sohn ermutigen sollen, Priester zu werden. Wird er in der Ehelosigkeit die Erfüllung seines Lebens finden und nicht vereinsamen? Wird er mit seinen Ideen und Idealen in den Strukturen der Kirche zum Zuge kommen? Ist er als Pfarrer mehrerer Gemeinden nicht überfordert? Wird er verkraften, dass ihm – alles in allem – der Gegenwind eines ungläubigen Bewusstseins kräftig ins Gesicht weht? Alle diese Bedenken haben ihr Gewicht.

Trotz alledem kommen auch heute junge Männer auf den Gedanken, Priester zu werden. Mit vielen ihrer Altersgenossen sind sie nicht selten von der Frage umgetrieben, wie es mit unserer Welt weitergehen soll. Sie spüren, dass Gottes Wort vom Frieden und von der Gerechtigkeit für alle Menschen kaum je drängender uns aufgetragen ist als heute. Viele von ihnen sehnen sich danach, dass etwas davon in ihrem Leben Wirklichkeit wird. Das lockt sie mehr als Konsum und Karriere. Sie träumen von einer Kirche, die für die Menschen da ist, nicht nur auf das eigene Überleben bedacht, sondern auf die Rettung aller, gerade der Armen und der Schwachen. Sie möchten dafür leben, dass »der Geschmack an Gott nicht verloren geht« (Saint-Exupéry) und unsere Gemeinden zum Ort der Hoffnung werden für die ungeahnten Möglichkeiten Gottes. Sie wählen die Ehelosigkeit als Zeichen dieser Hoffnung.

Sollen wir ihnen das ausreden? Das kann und darf ich nicht. Ich werde es ihnen nicht einreden. Aber ich möchte alles tun, dass sie den Weg entdecken, auf den Gott sie ruft. Unsere Welt würde ärmer, wenn Menschen nicht zu ihrer gottgewollten Lebensmöglichkeit finden. Sie selbst würden ärmer.

Der gemeinsame Weg

Warum finden solche jungen Leute in unseren Gemeinden kaum Ermutigung? Was uns das Konzil aufgetragen hat, ist noch zu wenig zu spüren: ein vertrauensvolles Miteinander von Priestern und Laien. Wir nennen uns zwar »Schwestern und Brüder«, verstehen uns aber allzu oft als Konkurrenten. Laien fühlen sich von Priestern und Bischöfen oft nicht ernst genommen, von oben herab belehrt und bevormundet, in ihrer Lebensform als Eheleute, in der Mühsal der Erziehung ihrer Kinder nicht wirklich geachtet, in die Verantwortung für die Gemeinde nicht hinreichend einbezogen. Und umgekehrt meinen Priester nicht selten, sie müssten gegenüber den Laien ihre Autorität verteidigen, sie würden in ihrer Lebensform nicht verstanden und in ihren besten Absichten nicht mitgetragen.

Sicher hat sich in den vergangenen Jahren manches zum Besseren entwickelt. Wir sind auf dem Weg, uns in unserer unterschiedlichen Verantwortung anzuerkennen und miteinander Volk Gottes zu sein. Die Priester lernen, dass sie nicht allein Verantwortung tragen für die Kirche, sondern um sich herum eine Fülle geistgewirkter Begabungen entdecken können. Wichtige seelsorgliche Aufgaben werden von Laien wahrgenommen; ich denke an den unverzichtbaren Dienst der Pastoralen Mitarbeiterinnen und Mitarbeiter, aber auch an die verantwortungsvolle Aufgabe der ehrenamtlichen Katechetinnen und Katecheten bei der Hinführung zu den Sakramenten. In charismatischen Gruppen, in Gebets- und Familienkreisen sind geistliche Bewegungen von Laien unter uns aufgebrochen.

Ich möchte keine Notstände selig preisen, aber vielleicht sollten wir doch die Chancen des Priestermangels ebenso ernsthaft vor Gott bedenken wie die Verlegenheiten und Belastungen. Wenn heute in unserem Bistum viele Priester mehreren Gemeinden vorstehen, so hat dieser Notstand zweifellos manche Eigenverantwortung und Begabung geweckt, die früher zugedeckt und unentwickelt geblieben ist. Wir erkennen, dass es Sache aller Glieder der Kirche und jedes einzelnen Gliedes ist, den Glauben weiterzugeben.

Dadurch wird der Auftrag des Priesters nicht zurückgedrängt oder überflüssig. Im Gegenteil: Je mehr die Gemeinde lebt und ihre Sendung für die Welt wahrnimmt, desto unverzichtbarer ist sein Dienst. Nicht als sei es seine Aufgabe, alles in der Gemeinde allein zu entscheiden oder gar selbst zu tun. Er hat die unterschiedlichen Begabungen zu fördern und einander zuzuführen, den Dienst der Einheit und Versöhnung wahrzunehmen. Er ist Bindeglied zum Bistum und zur Gesamtkirche. Er hat für seine Gemeinde einzustehen, nicht zuletzt im Gebet vor Gott. Sein Amt, das im Sakrament der Weihe begründet ist, steht für die grundlegende Bedeutung der Sakramente in der Gemeinde. In seiner Existenz, in der Verkündigung des Evangeliums und vor allem in der Feier der Eucharistie bezeugt er, dass die Gemeinde nicht aus sich selbst lebt, sondern aus Gott.

Denkanstöße

Schlechte Zeiten zu bejammern ist vertane Zeit. Wir haben die Herausforderung und Chance unserer Zeit anzunehmen, die genauso Zeit Gottes und des Wirkens seines Geistes ist wie andere Zeiten der Kirchengeschichte. Ich möchte Ihnen drei Denkanstöße zum Beruf des Priesters geben:

- Für die Zukunft des Priesterberufs hängt viel davon ab, dass wir zu einem neuen Zueinander von Amt und Gemeinde finden, von Priestern und Laien. Es ermutigt junge Menschen, wenn sie erfahren: Wir sind nicht dazu verurteilt, mitten in der Gemeinde zu vereinsamen; wir werden vom Vertrauen und der Aufmerksamkeit der Gemeinde mitgetragen – auch in Zeiten besonderer Belastungen und Krisen.

  Der heilige Augustinus sagt in der Predigt zu seiner Bischofsweihe: »Wo mich schreckt, was ich für euch bin, da tröstet mich, was ich mit euch bin. Für euch bin ich Bischof, mit euch bin ich Christ. Jenes bezeichnet das Amt, dieses die Gnade, jenes die Gefahr, dieses das Heil.« Wenn Priester mehr erfahren, *mit* allen in der Gemeinde Christ zu sein, ermutigt sie das, *für* die Gemeinde Priester zu sein. Nicht die Abgrenzung, sondern das Zusammenspiel lässt den Glauben wachsen und fördert den Priesterberuf.
- Nicht selten wird in der Kirche einer schlechten Arbeitsteilung das Wort geredet: Die Priester sind für den geistlichen Bereich zuständig und die Laien für die Welt. Diese Einteilung ist dem Evangelium fremd. Jeder, der zur Gemeinde Jesu Christi gehört und sich seinem Geist öffnet, ist ein geistlicher Mensch. Und jeder, der in der Gemeinde Jesu ein Amt wahrnimmt, tut es nicht nur für die Kirche, sondern für das Heil der Welt. Laien, die aus dem Glauben leben, haben auch ein Urteil in geistlichen Dingen, nicht nur zur Organisation des Pfarrfestes. Und Priester sind immer wieder auch Anfänger im Glauben. Sie müssen nicht alles wissen, nicht alles verteidigen; sie dürfen sich verstehen als Bruder in Bedrängnis, in der Geduld und im Hoffen auf das Reich Jesu Christi (vgl. Apk 1,9).

  Ich möchte junge Menschen nicht dazu weihen, dass sie ausschließlich als Sakramentenspender in den Gemeinden hin und her pendeln und sich schließlich nur noch in der Sakristei auskennen. Ich wünsche mir für die Kirche der Zukunft auch keine Laien, die in Sachen des Glaubens unmündig bleiben. Ich wünsche mir

Gemeinden und Priester, die sich gemeinsam auf den Weg des Glaubens machen.

- Wir dürfen uns nicht gegenseitig vom Anspruch des Evangeliums dispensieren. Zu den großen Überraschungen der letzten Jahre gehören die religiösen Aufbrüche in unserer Gesellschaft, besonders in der Jugend. Wer hätte vor Jahren damit gerechnet, dass der Zauber des Fortschritts und der Veränderung so schnell in Nachdenklichkeit, Trauer und in ein neues Suchen nach überzeugenden Maßstäben gelungenen Lebens umschlagen würde? Es gibt einen neuen Hunger nach dem Evangelium, es gibt Kritik an Religionsunterricht und Predigt, wenn sie diesen Hunger nicht stillen; es gibt einen Widerwillen gegen ein allzu billiges Christentum, das gerade viele Jugendliche unterfordert. Es regt sich eine neue Verantwortung in Sachen Frieden und menschenwürdiger Welt, die im Haus Gottes selbst Beachtung verlangt.

  Wir dürfen die Priester nicht von vornherein damit entschuldigen, dass sie so viel zu tun haben, sondern müssen sie in ihrer ureigensten Berufung in Anspruch nehmen und ihnen so helfen, die richtigen Schwerpunkte zu setzen. Sie können nur gute Seelsorger sein, wenn sie in dem Besten, was sie zu geben haben, gefordert werden. Umgekehrt dürfen und müssen die Priester den Gläubigen das Evangelium zumuten. Dann wachsen ihnen Helfer und Freunde zu.

  In der Tat: Für viele ist die Verpflichtung zur Ehelosigkeit der Stein des Anstoßes. Aber wenn der Glaube nicht mehr anstößig ist, verrät er sich selbst und stößt schließlich auch nichts mehr an.

Wer ist gefragt?

Zur besonderen Verantwortung meines Amtes gehört es, im Bistum durch Gebet und Handauflegung Priester im Namen Jesu Christi und unserer Kirche zu weihen und sie in die Gemeinden zu senden. Die personellen Engpässe könnten uns dazu verführen, den Anspruch zu senken und die zum Priesteramt zuzulassen, die – mehr unbewusst als bewusst – im Windschatten der Kirchenmauern eine Nische suchen. Dieser Versuchung müssen wir widerstehen. Uns rettet kein Priestertum »zu herabgesetzten Preisen«. Gefragt sind junge Menschen, die begeistert genug sind, den Aufbruch aus einer »Welt ohne Gott« zu wagen, die nüchtern genug sind zu sehen, dass das Leben eines Priesters bei aller Erfüllung auch Enttäuschungen bringt, die mutig genug sind, sich nicht mit bequemen Antworten und Absicherungen zufrieden zu geben, die leidenschaftlich genug sind, Gott als die große Liebe ihres Lebens zu entdecken.

Manche sagen heute: Die Welt ist nicht mehr zu retten. Wir glauben: Die Welt ist schon gerettet, durch Jesus Christus. Das gilt es aller Welt zu bezeugen. Beten Sie mit mir, dass junge Menschen dem Ruf Jesu als Priester folgen.

Caritas und Gemeinde

Hirtenbrief zur österlichen Bußzeit 1993

Stellen Sie sich dieses Bild vor: In einem Fußgängertunnel mitten in München stehen vor einer Betonwand in fahlem Neonlicht zwei Leichenbahren, darüber zwei Kästen mit Reagenzgläsern, darunter zwei Kästen mit geknetetem Fett und einem Fieberthermometer. An der Wand hängen zwei Tafeln mit der Aufschrift »Zeige deine Wunde«.

Dieses Werk des Künstlers Joseph Beuys hat viele schockiert: An einem ganz belebten Punkt einer Großstadt ergeht in aller Öffentlichkeit wie ein Gebot der Stunde: »Zeige deine Wunde«. – Wunden verstecken wir lieber. Warum eigentlich? Es gibt sie doch. Wir sind nicht unverwundbar. Es lohnt sich, darüber nachzudenken.

Die Wunden als Ort der Gottesbegegnung

»Zeige deine Wunden« – das ist ein zentrales Wort unseres Glaubens. Das Alte Testament spricht immer wieder davon, dass Gott die Wunden seines Volkes kennt und daran leidet. Israel kann seine ganze Not und seinen ganzen Schmerz vor ihn tragen. Ijob tut das so offen und eindringlich wie kaum ein anderer.

Er wird der Wunden wegen von seiner Familie und seinen Freunden gemieden. Die Leidverdrängung hat also eine lange Tradition. Die Propheten protestieren in Israel dagegen, Leid und Elend zuzudecken. Im vierten Lied vom Gottesknecht stellt der Prophet Jesaja seinen Zeitgenossen den leidenden Menschen vor Augen: »Wie einer, vor dem man das Gesicht verhüllt, war er verachtet; wir schätzten ihn nicht. Aber er hat unsere Krankheit getragen und unsere Schmerzen auf sich geladen. Wir meinten, er sei von Gott geschlagen, von ihm getroffen und gebeugt. Doch ... der Herr fand Gefallen an seinem zerschlagenen Knecht, er rettete den, der sein Leben als Sühneopfer hingab« (Jes 53,3–4.10).

Dieses Wort kann uns wie den Aposteln helfen, die Tragweite des Lebens und Sterbens und der Auferstehung Jesu zu verstehen. Jesus ist den Verwundeten nachgegangen, er hatte keine Berührungsangst. Er hat sich ihrer Wunden angenommen, sie am eigenen Leib mitgetragen, bis zum bitteren Ende. Er hat die wunden Stellen der Menschheit durchlitten. Er heilt, indem er sich selbst verwunden lässt. Das Kreuz, *das* Zeichen der Christenheit, zeigt in aller Öffentlichkeit, wie tief er verwundet ist. Es stellt uns vor Augen, dass wir seine Wunden nicht zu verstecken brauchen, sondern sie offen vorzeigen können. Durch sie ist er zum Ursprung unseres Heiles geworden, zum Heiland der Welt. Er ist der »verwundete Arzt«, wie ihn die frühe Christenheit nennt.

Die Wunden sind ihm eingeprägt. Sie gehören zu ihm, auch nach der Auferstehung. Er verbirgt und verleugnet sie nicht. Er fordert geradezu auf, sie zu sehen und zu berühren: »Thomas, streck deine Finger aus – hier sind meine Hände! Streck deine Hand aus und leg sie in meine Seite, und sei nicht ungläubig, sondern gläubig!« (Joh 20,27). Der Weg zum Glauben führt über die Wunden. Sie sind nicht Zeichen der Abwesenheit Gottes, sie werden vielmehr zum Ort der Gottesbegegnung. Hier können wir, wenn wir nicht fliehen, »Gott erlernen«, wie Martin Buber sagt. Wunden annehmen zu können ist in Wahrheit Gnade. Das gilt von den Wunden Jesu und von unseren eigenen Wunden. Nur über die eigenen Wunden können wir uns den Wunden der anderen nähern.

Caritas – haupt- und ehrenamtlich

»Wie geht es Ihnen?« – »Gut geht's ...« – So fangen viele Gespräche an. Aber wenn der andere antwortet: »Gar nicht gut«, dann geraten wir ins Stocken. Darauf sind wir nicht eingestellt; das Belastende stellen wir lieber weg. Aber es geht nicht an, dass wir die Wirklichkeit halbieren und nur die Sonnenseite vorzeigen. Die wunden Stellen und die Schattenseite sind die andere Hälfte unseres Lebens. Sich und anderen das einzugestehen ist kein Zeichen von Schwäche, sondern von Stärke, die aus dem Glauben kommt. Wenn wir nur die halbe Wirklichkeit wahrhaben können oder wollen, sind wir im Grunde auch nur halbstark.

Das gilt auch für die Kirche. Das Zweite Vatikanische Konzil sagt das so: »Freude und Hoffnung, Trauer und Angst der Menschen heute, besonders der Armen und Bedrängten, sind auch Freude und Hoffnung, Trauer und Angst der Jünger Christi. Und es gibt nichts wahrhaft Menschliches, das nicht in ihren Herzen seinen Widerhall fände« (GS 1). Sicher hat die Krise unserer Gemeinden und der Kirche heute einen entscheidenden Grund darin, dass wir Freude und Hoffnung, Trauer und Angst zu wenig mit den Armen und Bedrängten teilen. Nur dort, wo einer des anderen Last trägt, bleiben wir Christus auf der Spur.

Im Laufe der Zeit haben christliche Solidarität und der Wille zu sachgerechter Hilfe eine Fülle von sozialen Berufen und Einrichtungen entstehen lassen. Durch die Caritas wird vielen Menschen mit Herz und Sachverstand geholfen. Das ist keineswegs selbstverständlich und gar nicht hoch genug zu schätzen. Wir haben allen Grund, den haupt- und ehrenamtlichen Mitarbeiterinnen und Mitarbeitern der Caritas zu danken. Sie sind dort, wo sie sind, als Christen am richtigen Ort: dicht bei den Verwundeten.

Ihr Einsatz darf freilich nicht dazu führen, dass sich alle anderen von der Mithilfe dispensieren, nach dem Motto: »Dafür ist die Caritas da.« In Sachen Nächstenliebe ist jeder gefragt. Wir dürfen nicht zulassen, dass die Welt aufgeteilt wird in die der Kranken und die der Gesunden, in die Welt der Problembeladenen und die der Unproblematischen, in die der Behinderten und die der Nichtbehinderten, in die der Verwundeten und die der scheinbar Gesunden. Jesus hat seine Kirche nicht als Gemeinschaft der Gesunden und Starken gedacht, sondern als eine Gemeinschaft von Gesunden *und* Kranken, Starken *und* Schwachen. Darum dürfen in der Kirche Gesunde und Kranke miteinander leben, genauerhin: Jeder Gesunde darf auch krank und bedürftig sein, und jeder Kranke ist auch gesund und für die anderen hilfreich. »Eine Gemeinde ohne Behinderte ist eine behinderte Gemeinde«, sagt der an den Rollstuhl gebundene Theologe Ulrich Bach.

Ich bin fest überzeugt, wir brauchen nach wie vor beides: eine gut arbeitende Caritasorganisation und Gemeinden, denen der Umgang mit Armut, Schwäche, Behinderung und Problemsituationen vertraut ist. Professionelle Caritas und Dienst der Gemeinde müssen sich ergänzen und zusammenarbeiten. Gemeinsam sind wir Kirche Jesu Christi, der gekommen ist, »den Armen das Evangelium zu verkündigen«. Und nur zusammen mit den Armen können wir sein Evangelium verstehen und leben.

Diakonische Gemeinde

Von den Pastoralbesuchen weiß ich, dass durch Caritas und Gemeinden vieles geschieht, um Wunden zu heilen. Die österliche Bußzeit könnte uns einen Anstoß geben, dass wir uns neu in Dienst nehmen lassen. Der Weg des Glaubens führt über die Wunden. Deshalb lade ich Sie ein, sich auf diese Realität zu besinnen und aus ihr zu leben:

- Jeder von uns hat wunde Punkte, hat Verwandte, denen es nicht gut geht, »ein schwarzes Schaf« in der Familie. Werden die übergangen? Können Ihre Kinder die Erfahrung machen, dass ein Mensch auch dann noch zählt, wenn er krank und alt ist oder scheitert? Ich frage mich oft: Weißt du, wo die Armen wohnen in deiner Umgebung? Hast du Freunde unter ihnen – wenigstens einen?
- Unsere Gemeinden können den Eindruck erwecken, alles sei in Ordnung und sauber organisiert – eine »heile Welt«. Wo sind die anderen, die arm dran sind? Sind sie bei uns erwünscht? Ist das Pfarrheim offen für sie, für Selbsthilfegruppen oder andere caritative Initiativen?
- Der Dienst an den Schwachen und Notleidenden ist – wie der Gottesdienst und die Verkündigung – ein Eckpfeiler jeder christ-

lichen Gemeinde. Er gehört in die Mitte des Gemeindelebens. Er darf nicht als »Vorfeldarbeit« abgewertet werden oder mit dem Hinweis auf die notwendige Spezialisierung aus dem Blick geraten. Tragen die Verantwortlichen in der Pastoral und die synodalen Gremien diesem Anspruch Rechnung? Haben wir eine Option für die Armen getroffen? Haben wir ein ausdrückliches Interesse an Kooperation mit den Einrichtungen der Caritas vor Ort?

- Mitarbeiterinnen und Mitarbeiter der Caritas oder anderer sozialer Institutionen sind in ihrem täglichen Dienst mit Leid, Not und Problemen anderer Menschen konfrontiert. Sie sind beruflich stark gefordert, stehen gesellschaftlich nicht immer hoch im Kurs und werden oft genug auch noch aus den eigenen Reihen in ihrer Kirchlichkeit in Frage gestellt. Finden sie in Ihrer Gemeinde Vertrauen und Unterstützung? Können sie dort den Reichtum ihrer Erfahrungen einbringen? Die sich um Ausgegrenzte kümmern, dürfen nicht auch noch von uns ausgegrenzt werden.
- Not macht nicht Halt vor Pfarrgrenzen und kennt auch keine Konfessionen. Sie ruft nach ökumenischer Zusammenarbeit. Fördern wir sie als Ausdruck gemeinsamen Glaubens und Hoffens?
- Wir können uns nicht damit begnügen, die Opfer unserer Verhältnisse zu betreuen. Leiden zu lindern ist gut; besser ist es, es womöglich zu verhindern. Gibt es in Ihrer Gemeinde Gruppen oder Einzelne, die sich mit der katholischen Soziallehre vertraut machen und daraus vor Ort politische Konsequenzen ziehen? Wer vertritt die Armen und Fremden kommunalpolitisch?

Ich wünsche Ihnen, dass Sie in Ihren Gesprächen und Taten entdecken, wie gut es Ihnen und Ihrem Glauben tut, sich ehrlich auf die eigenen Wunden und auf die der anderen einzulassen. Das ist kein bequemer Weg. Es ist der Weg Jesu, ein Weg, der nicht nur den Karfreitag, sondern auch Ostern zur Erfahrung werden lässt. Die scheinbar nichts zu lachen haben, haben am Ende allen Grund zu lachen. Darauf hoffen wir, darum beten wir, daran können und müssen wir mitarbeiten.

Gemeindeleitung in Kooperation

Hirtenbrief vom Oktober 1991

Traditionsbruch

Stellen Sie sich bitte konkret Ihre Gemeinde vor Augen, den Gottesdienst, die Caritas und Katechese, die Arbeit des Pfarrgemeinderates und seiner Ausschüsse, die einzelnen Gruppen und Verbände, »alles, was so läuft«. Sie sind seit Jahren daran gewöhnt, schätzen das vertraute Bild des Pfarrers mit seinen Mitarbeiterinnen und Mitarbeitern, die die anfallenden Dienste übernehmen. Und nun die Frage: Wie wird das alles in zehn Jahren aussehen? Ich bin sicher, ziemlich anders als heute. Schon jetzt haben mehr als 100 von den 328 Pfarreien unseres Bistums keinen eigenen Pfarrer am Ort. Die Zahl steigt Jahr für Jahr. Das werden auch jene Pfarreien zu spüren bekommen, die bislang noch ihren »eigenen« Pfarrer haben. Seine Beanspruchung über die Pfarrgrenzen hinaus wächst. Niemand kann also sagen: Bei uns wird schon alles so weitergehen wie bisher.

Es ist deutlich zu sehen, dass sich noch weit mehr ändert als das gewohnte Bild der Pfarrei. Der Bruch mit der Tradition geht an die Fundamente. Viele Zeitgenossen brechen nicht nur mit der Kirche, sondern überhaupt mit dem Glauben. Immer mehr Kinder und Jugendliche können den Glauben nicht mehr verlieren, weil sie ihn nie empfangen haben. In unserer Gesellschaft geraten überzeugte Christen mit ihren Wertvorstellungen in die Minderheit. Zur Kirche zu gehören, in der Gemeinde mitzuarbeiten, das wird immer weniger selbstverständlich.

Das festzustellen ist leicht; es aber als die uns von Gott zugemutete Situation des Glaubens anzunehmen und zu verarbeiten, ist unsagbar schwer. Je mehr wir mit der Kirche leben, umso mehr schmerzt es zu sehen, wie vertraute, wertvolle Traditionen bröckeln oder absterben. Oft weichen wir diesem Schmerz aus und machen uns etwas vor. Sind wir nicht insgeheim auch in der Kirche ganz auf Fortschritt und Wachstum eingestellt? Wissen wir noch von Jesus Christus her, dass Zusammenbrüche und Krisen zur Gnade werden können? Ich bin überzeugt, dass die gegenwärtige Krise nicht Auflösung und Konkurs bedeutet. Sicher, wir müssen von vielem Abschied nehmen. Das ist dann kein Schaden, wenn wir an Glaubwürdigkeit gewinnen. Der Geist Gottes drängt uns zu einer neuen Gestalt von Kirche. Die lässt sich nicht vom Reißbrett aus in die Gemeinden hineinorganisieren. Es gilt vielmehr darauf zu achten, »was der Geist den Gemeinden sagt« (Apk 2,7). Dort ist er deutlich vernehmbar, bei uns und in der Weltkirche.

Zusammenspiel der verschiedenen Dienste

Bei meinen Pastoralbesuchen im Bistum bin ich immer neu davon überrascht und beeindruckt, wie viele von Ihnen Verantwortung in den Pfarreien mittragen. Das hat es früher so nicht gegeben. Ohne die Frauen und Männer im Pfarrgemeinderat und Verwaltungsrat, in der Sakramentenkatechese, in der Caritas und in vielen anderen Bereichen des pfarrlichen Lebens wären wir arm dran. Ihr unbezahlter Dienst ist im wahrsten Sinne des Wortes unbezahlbar. Er ist ein Geschenk des Geistes, der die Verantwortung des ganzen Gottesvolkes für die Weitergabe des Glaubens weckt. Ich sehe in Ihrem Einsatz ein Hoffnungszeichen und danke Ihnen allen von Herzen.

Ausdrücklich möchte ich die Pastoralen Mitarbeiterinnen und Mitarbeiter erwähnen. Sie sind aus der Seelsorge in unserem Bistum nicht mehr wegzudenken. Ich betrachte sie nicht als »Lückenbüßer«, sondern sehe in ihnen eine Gabe des Heiligen Geistes, »eine besondere Chance der Kirche in Deutschland« (Würzburger Synode). Die pastorale Situation ist zu ernst, als dass wir uns bei Rangstreitigkeiten aufhalten dürften, die ohnehin unter dem Gericht des Evangeliums stehen (vgl. Mk 10,35–45). Nicht ängstliche Sorge um Abgrenzung, sondern ehrliches miteinander Reden und Arbeiten lässt die Glaubensgemeinschaft wachsen.

Sie alle wissen, wie sehr ich mich um die Priester sorge. Ihr Dienst ist für die Zukunft der Kirche unabdingbar. Ihre Zahl geht weiter zurück. Immer mehr Pfarrer haben die Verantwortung für mehrere Gemeinden übernommen. Ich habe großen Respekt vor diesen Mitbrüdern, die aus Verantwortung für die Seelsorge im Bistum eine solche Belastung tragen. Die Grenze der Belastbarkeit ist bei vielen von ihnen längst erreicht oder gar überschritten. Es ist mir in diesen Fällen eine schwere Gewissensfrage, was ich den Pfarrern zumute und welche Konsequenzen das für ihre menschliche und priesterliche Existenz hat. Ich kann es jedenfalls nicht verantworten, ihnen immer noch mehr Aufgaben zu übertragen. Damit würde vielen geschadet und niemandem gedient. Ich bin sicher, Sie sehen das ähnlich.

Beides ist für den weiteren Weg ernst zu nehmen: die Situation der Priester und die in den vergangenen Jahren gewachsene Bereitschaft von Laien, sich ehren- oder hauptamtlich in der Gemeinde zu engagieren.

Differenzierungen

Vor einigen Jahren habe ich Sie gefragt, wie Sie sich die Pastoral der Zukunft vorstellen. Ich habe viele gute Anregungen erhalten. Manche bedürfen einer gesamtkirchlichen Regelung, andere habe ich mit den verschiedenen Bistumsgremien weiterverfolgt und zu verwirklichen gesucht. Dabei sind wir vor allem der »Gemeindeleitung in Kooperation« nachgegangen. Nach gründlichen Vorarbeiten und längerer Beratung hat mir der Diözesansynodalrat hierzu Vorschläge unterbreitet, die ich eingehend geprüft und überarbeitet habe und nunmehr in Kraft setze. Ich möchte Sie hier nur auf zwei wichtige Punkte hinweisen:

- Immer wieder höre ich bei meinen Pastoralbesuchen die Klage, dass Pfarrer durch Verwaltungsaufgaben daran gehindert werden, das zu tun, wozu sie berufen sind. Das darf und muss nicht sein. Bereits in unserer bisherigen Ordnung sind viele Entlastungsmöglichkeiten gegeben, die darauf warten, realisiert zu werden. Zudem ist jetzt – zunächst für eine begrenzte Anzahl von Pfarreien – die Möglichkeit geschaffen, dass sich der Pfarrer aus der Arbeit des Verwaltungsrates zurückzieht. An seine Stelle tritt dann der oder die gewählte Vorsitzende des Verwaltungsrates, also jemand aus der Gemeinde, der diese Aufgabe ehrenamtlich übernimmt.

- Die verschiedenen Formen kooperativer Gemeindeleitung wollen vor allem jenen Gemeinden dienen, deren Pfarrer für mehrere Pfarreien verantwortlich sind. Hier zeigt sich, dass Priester in der Seelsorge nicht länger allzuständig oder alleinzuständig sind. Differenzierte Gemeinden erfordern eine differenzierte Leitung. Laien nehmen daran teil. In Gemeinden ohne Pfarrer am Ort übernehmen Diakone oder Pastorale Mitarbeiterinnen und Mitarbeiter als Bezugspersonen in der Seelsorge wichtige Aufgaben; sie sind im Pfarrgemeinderat stimmberechtigt. Laien leiten Wortgottesdienste mit Kommunionfeiern und Beerdigungen, sind für die Katechese zuständig. Das gilt gerade auch dort, wo eine Pfarrstelle auf Dauer vakant bleiben muss. – Gemeindeleitung in Kooperation, das heißt Schritte tun auf eine Gemeinde hin, die ihre eigene Verantwortung wahrnimmt.

Eigenverantwortung

Unser Weg in die Zukunft ist keine ausgeleuchtete Startpiste wie auf dem Frankfurter Flughafen. Er gleicht mehr einem schmalen, steinigen Pfad, den man mit einer Laterne beschreitet. Sie leuchtet uns in dem Maße, wie wir selber vorangehen. Sie gibt jeweils hinreichend Licht für den nächsten Schritt. Wer immer gleich den übernächsten Schritt machen möchte, kommt ins Stolpern.

Die anstehenden Schritte führen zu größerer Eigenverantwortung. Die Sache unseres Glaubens können wir nicht durch andere für uns erledigen lassen. Wenn wir sie uns selber nicht zu eigen machen, wird sie nicht überleben. Die Zukunft der Kirche liegt nicht in der Vermehrung der Hauptamtlichen. Deren Zahl ist deutlich begrenzt. Wir werden unserer Verantwortung in der Welt und für die Welt nur dann gerecht, wenn wir miteinander Kirche sind.

Prüfen Sie bitte, wo Sie selbst in Ihrer Pfarrei mitarbeiten können. Je mehr von Ihnen sich beteiligen, desto besser können die notwendigen Aufgaben aufgeteilt werden; und die, die sich bereits oft bis an die Grenzen ihrer Kraft einsetzen, brauchen nicht den Mut und die Freude zu verlieren.

»Miteinander Kirche sein« ist das Motto der bevorstehenden Pfarrgemeinderatswahl. Wählen Sie mit! Der synodale, gemeinsame Weg hat sich in unserem Bistum bewährt. Es liegt ein neuer, wichtiger Schritt vor uns. Gehen wir ihn miteinander, im Vertrauen auf die Führung des Geistes.

LERNORTE DES GLAUBENS

Der Jugend zugewandt

Hirtenbrief zur österlichen Bußzeit 1988

Vater und Sohn, Mutter und Tochter, wir sagen das in einem Atemzug – und doch liegen oft Welten dazwischen. Muss das so sein? Muss das so bleiben, wenn es so ist? Das Problem ist offenkundig.

Unterbrochener Staffellauf

Im Staffellauf der Generationen ist eine neue Situation eingetreten. Dass Jüngere noch nicht in den Startlöchern waren, dass einer das Holz bei der Übergabe fallen ließ, das hat es immer gegeben. Doch heute – so scheint es – stehen die Jüngeren ganz anderswo als dort, wo wir Erwachsene das Holz weitergeben möchten. Wie soll da die Übergabe stattfinden?

Vor einigen Wochen feierte ein bekannter Mann seinen 50. Geburtstag. Es wurden einige Reden gehalten, und am Ende sprach der Jubilar selbst: »Ich habe in meinem Leben viel erreicht. Ich habe Erfolg im Beruf. Ich bin gesund geblieben. Es geht mir gut. Eins ist mir nicht gelungen: den Glauben und die Werte, die für mich maßgebend sind, meinen Kindern weiterzugeben.« – Es wurde sehr still im Raum. Viele von Ihnen könnten so sprechen. Wir, die in der Kirche Verantwortung tragen, sind oft ebenso ratlos.

Wie kommt es, dass das so ist? Haben die Eltern etwas falsch gemacht in der Erziehung? Waren sie nicht vorbildlich genug? Verstellt die Kirche, verstellen unsere Gemeinden, so wie sie sind, den Zugang zum Glauben? Fragen über Fragen. Wie finden wir Antwort?

Sich zuwenden

Kaum zu glauben: »Er wird das Herz der Väter wieder den Söhnen zuwenden und das Herz der Söhne ihren Vätern«, sagt der Prophet (Maleachi 3,24). Vieles spricht heute dagegen. Mancher wird aus seiner Situation heraus sagen: »Da ist nichts mehr zu machen.« Wirklich nicht? Es muss nicht alles so bleiben, wie es ist. Gott lässt uns hoffen. Er selbst will die Wende herbeiführen, in uns und durch uns. Mit den Vätern und Müttern möchte er beginnen. Das ist ungewöhnlich genug. In der Regel denken und handeln wir anders: »Sollen die jungen Leute erst einmal an unsere Tür klopfen. Wir sind ja schließlich die Älteren.« Hier steht's umgekehrt: Die Wende beginnt bei den Älteren. Wer sich darauf einlässt, muss versuchen, die jungen Leute in ihrer Situation zu verstehen.

- Sie wachsen heran in einer turbulenten Zeit mit tiefgreifenden wirtschaftlichen, kulturellen und sozialen Umbrüchen. Was sie in Familie, Schule und Kirche, im Freundeskreis oder bei der Arbeit erleben, ist kaum auf einen Nenner zu bringen. Einflussreiche Personen in Kultur und Politik, Publizistik und Sport geben in Wort und Tat zu erkennen, dass zentrale Werte menschlichen Zusammenlebens, wie Treue und Wahrhaftigkeit, für sie überholt sind. Wie sollen da die Jugendlichen zu einer Grundorientierung finden! Nicht selten sehen sie sich allein gelassen, erfahren die Welt der Erwachsenen als »fix und fertig« und sinnleer.
- Sie erleben ihre Ohnmacht gegenüber wichtigen Vorgängen und Forderungen in Staat und Gesellschaft. Sie können kaum Einfluss nehmen auf die Entscheidungen der Erwachsenen, aber die Folgen müssen sie tragen. Immer mehr resignieren, nehmen ihre Zuflucht zu Alkohol, Tabletten und Drogen.
- Die jungen Menschen lernen in unserer Gesellschaft wie von selbst das Verbrauchen, das Benutzen und Wegwerfen. Selbst ihre Freiheit wird zunehmend verplant und vermarktet. Zugleich wächst in ihnen die Sehnsucht nach dem, was mit Geld nicht zu

haben ist: nach Freundschaft und Wärme, nach Verbundenheit mit der Natur, nach Gerechtigkeit und Frieden. Sie erleben sich hin- und hergerissen zwischen Haben und Sein.

- Die Eltern sind oft beruflich so in Anspruch genommen, dass ihnen wenig Zeit bleibt, sich ihren Kindern zuzuwenden. Die Zahl der Jugendlichen, die aus gestörten Verhältnissen kommen, wächst.

Ein Herz für die Jugend

Wir dürfen vor der Situation, in der Jugendliche heute aufwachsen, nicht die Augen verschließen. Sind wir nicht selbst ohnmächtig und überfordert? Viele Eltern tun ihr Bestes und müssen doch erleben, wie ihr Bemühen scheinbar wenig bewirkt. Was richten wir da aus mit dem Prophetenwort »Er wird das Herz der Väter wieder den Söhnen zuwenden und das Herz der Söhne ihren Vätern«? Das Wort lässt hoffen. Gott gibt uns nicht auf, weder die Jugendlichen noch die Erwachsenen. Es ist viel wert, wenn Eltern mit ihren Kindern, die eigene Wege gehen, in Verbindung bleiben, in Verständnis und Versöhnungsbereitschaft die Tür offen halten.

Keine Frage: Es geht ums Herz. Haben wir Erwachsenen ein Herz für die Jugendlichen? Gerade in einer solch offenen, widersprüchlichen und zerrissenen Welt brauchen sie Menschen, die zu ihnen stehen, ohne sie zu bevormunden. Nicht billige Anpassung ist gefragt, sondern Standfestigkeit und Klarheit. Jugendliche wollen ein kritisches Gegenüber, um daran wachsen und reifen zu können. Sie brauchen Menschen, die sie herausfordern und ihnen Möglichkeiten und Grenzen aufzeigen. Sie können von ihrem Alter her noch nicht die Mitte ihres Lebens gefunden haben. Es wäre schlimm, wenn sie schon alt wären und allzu ausgewogen. Sie wollen Neues entdecken, etwas ausprobieren, etwas riskieren.

- Jugendliche machen eigene Erfahrungen und haben Eigenes mitzuteilen. Erwachsene können von ihnen lernen. Statt auf sie einzureden, sollten wir hören. Statt sie sich selbst zu überlassen und sie abzuschreiben, sollten wir Konflikte austragen. Statt zu kontrollieren, sollten wir Vertrauen schenken. Wir müssen ihnen Freiräume für eigene Erfahrungen ermöglichen. In unseren Pfarr- und Jugendräumen sollten wir weniger Angst vor verschmierten Wänden haben als vor leeren Räumen.
- Die Fragen der Jugendlichen an die Kirche sind wesentlich Fragen an die Pfarrgemeinden. Können sie dort erleben, was Jesus gewollt hat? Finden sie Erwachsene, die ein offenes Ohr und ein offenes Herz für sie haben? Welche Rolle spielen sie im Pfarrgemeinderat? Werden sie ernst genommen, oder verfährt man nach dem Motto: »Kommt erst mal in unser Alter, ihr werdet euch die Hörner schon noch abstoßen«? Welchen Einfluss hat der Jugendsprecher? Kommt es zu Gesprächen mit den Jugendlichen, auch wenn keine Konflikte vorliegen?
- Das soziale Gewissen vieler Jugendlicher ist heute mehr geschärft und wacher als in meiner Jugend. Viele selbstlose Initiativen und Hilfsmaßnahmen zugunsten benachteiligter Minderheiten und Notleidender gehen von Jugendlichen aus. Ihr Engagement für die so genannte Dritte Welt, für Behinderte und für den Umweltschutz ist oft erstaunlich. Wie reagieren wir darauf? Sagen wir: »Das sind Spinner!«? Oder versuchen wir, mit ihnen die Zukunftsfragen der Menschheit anzugehen?
- Es gibt viele Menschen in der Jugendarbeit, die sich als redliche Dolmetscher in den Dienst der Verständigung stellen. Sie haben es nicht leicht. Oft werden sie aus den eigenen Reihen mit Kritik überschüttet, gar als Brandstifter verdächtigt. Es wäre fatal, wenn wir Feuermelder mit Brandstiftern verwechselten.

Zuwendung der Herzen! Wir Erwachsenen sind aufgerufen, ein Bündnis *mit* den jungen Leuten zu schließen und nicht gegen sie. Wir sollten aufhören, die Spannungen von Jugend und Kirche und zwischen den Generationen nur zu beklagen. Es ist unsere Aufgabe, diese Spannungen fruchtbar zu machen. Unser Papst spricht von der »prophetischen Rolle« der Jugend in den Zukunftsfragen der Welt. Haben wir den Mut, jungen Menschen in unseren Gemeinden diese Rolle zuzugestehen!

Die Jugend ist in der Kirche des 20. Jahrhunderts in vielen Bewegungen eine treibende Kraft gewesen. Sie hat ihre eigene Stimme, ihr eigenes Charisma, heilsam und unbedingt notwendig für das Ganze. Ahnen wir, was das für die Entwicklung der Kirche bedeutet, wenn sie heute immer weniger bei uns anzutreffen ist? Oft heißt es: Wer die Jugend hat, hat die Zukunft! Vielleicht sollten wir den Satz umkehren: Wer die Zukunft hat, hat die Jugend! Leben wir die Zukunft, die uns in Christus geschenkt ist? Jugend und Kirche, das ist eine Frage der Zukunftsfähigkeit unserer Kirche. Sie hängt ganz wesentlich daran, dass die Herzen der Väter und Mütter sich wieder den Söhnen und Töchtern zuwenden und umgekehrt. Gott möge unsere Herzen bewegen.

Mutter Kirche und ihre Töchter

Hirtenbrief zur österlichen Bußzeit 1989

»Als Mann und Frau schuf er sie«

Kaum etwas kennzeichnet uns so sehr wie unsere Geschlechtlichkeit. Sie prägt unseren Leib und unsere Seele, sie schenkt der Liebe Ausdruck, sie lässt neues Leben entstehen. Bis in die letzten Fasern unseres Denkens und Fühlens sind wir Frau oder Mann. Dessen bin ich mir bewusst, wenn ich als Mann diesen Brief zur Würde der Frau schreibe. – Natürlich gilt: Wir sind alle Menschen, und jeder Mensch ist mehr als seine Geschlechtlichkeit. Aber der Mensch existiert nicht an sich. »Als Mann und Frau schuf er sie« (Gen 1,27), sagt die Bibel. Unsere geschlechtliche Prägung ist gottgewollt.

Mann und Frau werden in der Heiligen Schrift von Anfang an in einem Atemzug genannt. Konkret aber standen und stehen Frauen nicht selten im Schatten, fühlen sich nicht ernst genommen und von Entscheidungen ausgeschlossen. »Frauen zuerst« (»Ladies first«), sagen wir, aber tatsächlich stehen sie in der zweiten oder dritten Reihe. Das gilt nicht nur ganz allgemein für unsere Gesellschaft, sondern ausdrücklich auch in der Kirche.

Wie oft habe ich in den letzten Jahren im Gespräch gerade von jüngeren Frauen gehört: »Wir sind in der Kirche ja doch nicht ernsthaft gefragt. Wir dürfen die Kirche putzen und für die Caritas sammeln, bei Sitzungen den Kaffee servieren und die Texte tippen. Mitreden und mitentscheiden dürfen wir nicht ... In Liedern, Gebeten und Predigten kommen in der Regel nur die Söhne, Brüder und Väter vor. Wir fühlen uns ausgeschlossen.«

Diese Anfragen von Frauen, denen Glaube und Kirche viel bedeuten, gehen mir nach. Sie haben mich veranlasst, diesen Brief zu schreiben, nicht ohne Rücksprache mit Frauen.

Glück und Leid unseres täglichen Lebens hängen weitgehend vom rechten Zusammenspiel der Geschlechter ab. Dies gilt vorab für den persönlichen Bereich: Die höchsten Hoffnungen und Erwartungen sind an die Begegnung von Mann und Frau gebunden, zugleich aber auch die bittersten Enttäuschungen. Wo die Sehnsucht am größten ist, da sind wir zugleich am meisten gefährdet.

Im 20. Jahrhundert ist das Verhältnis zwischen Männern und Frauen zu einem Problem der Öffentlichkeit geworden. Die herkömmlichen Verhaltensformen haben sich erheblich verändert. Frauen bestehen auf ihren Entfaltungsmöglichkeiten und Rechten, die ihnen von der Natur und vom Gesetz gegeben sind. Sie nehmen ihre Verantwortung wahr, selbst mitzugestalten und mitzuentscheiden, wo ihr Platz und ihre Aufgaben sind in der Familie, im Beruf und in der Öffentlichkeit. In vielen Ehen und Familien sind Freude und Not des Alltags gerade dadurch geprägt, dass die Frauen hier ungewohnte eigene Wege suchen und gehen – nicht ohne Geburtsschmerzen.

In dieser Situation sind wir als Glaubende herausgefordert. Haben wir wirklich schon entdeckt und ausgeschöpft, welche Würde und Berufung den Frauen von Gott geschenkt ist und wie ein erlöstes Verhältnis zwischen Männern und Frauen aussieht? Wir haben keinen Grund, den Reichtum unseres Glaubens zu verstecken, er lässt sich sehen und hören. Das Alte und Neue Testament haben ganz entscheidende Anstöße zur Emanzipation der Frau gegeben. Der Grundsatz der Gleichberechtigung ist ja weiß Gott nicht ohne das Christentum in unsere Welt gekommen.

Bild Gottes

Auf den ersten Seiten der Bibel steht ein Satz, der uns wie ein Schlag treffen kann. Gott spricht zur Frau: »Du hast Verlangen nach deinem Mann; er aber wird über dich herrschen« (Gen 3,16). Da also haben wir, wird mancher denken, den Ursprung der Männerherrschaft und der Frauenunterdrückung. Dort liegt die Wurzel des Übels.

In der Tat, dieser Satz aus der Erzählung vom Sündenfall deckt die Wurzel des Übels schonungslos auf (vgl. Johannes Paul II., Apostolisches Lehrschreiben »Die Würde der Frau«, Artikel 10). Männerherrschaft, so stellt die Bibel unmissverständlich fest, ist eine Folge der Sünde. So war es von Gott nicht gedacht; so ist es nicht in seinem Sinne. Die ganze Welt könnte anders aussehen, geradezu paradiesisch. Aber wir leben jenseits von Eden, oft genug auf eigene Faust, beherrscht von der Angst, zu kurz zu kommen. Und solange wir nicht genug »kriegen« können, sind die Kleinkriege und Großkriege nicht aus der Welt zu schaffen, werden Frauen zum Objekt männlicher Herrschaft und männlichen Besitzstrebens. »Der Mann wird über dich herrschen …«, das ist das traurige Ergebnis der Sünde, das ist gerade nicht gottgewollt, das muss und darf nicht so bleiben.

Denn von Gott her ist es anders gedacht und gewollt: »Gott schuf den Menschen als sein Abbild; als Abbild Gottes schuf er ihn. Als Mann und Frau schuf er sie« (Gen 1,27). Beide haben die gleiche Menschenwürde und gleiches Recht, sind in klarer Selbständigkeit und Unterschiedenheit aufeinander bezogen. Die Frau ist nicht Mensch zweiter Klasse, sondern wie der Mann Bild Gottes, gleichermaßen von Gott geliebt, wesenhaft gleichberechtigt, wie das jüngste päpstliche Lehrschreiben betont (Würde, 16).

Gott hat in Jesus Christus alles eingesetzt, um uns sein Bild vom Menschen nahe zu bringen: »Es gibt nicht mehr Juden und Griechen, nicht Sklaven und Freie, nicht Mann und Frau; denn ihr alle seid Einer in Jesus Christus«, sagt der heilige Paulus (Gal 3,28). Dieser Satz steht für die durch Christus verwirklichte Gleichberechtigung. Wir Christen dürfen uns von niemandem darin übertreffen lassen, die Würde der Frau zu achten. Zugleich müssen wir bekennen, dass wir oft weit hinter diesem Anspruch zurückgeblieben sind. Er fordert uns heute neu heraus.

Die Kirche ist eine Gemeinschaft von Frauen und Männern, die unter der Verheißung und dem Gericht des Wortes Gottes steht. Weder Gleichmacherei noch Frontendenken, weder modische Anpassung noch verhärtete Selbstrechtfertigung helfen weiter. Je mehr wir uns von Gottes Wort leiten lassen, desto entschiedener und gelassener zugleich können wir einander begegnen. Verirrungen und Schuld brauchen wir nicht zu leugnen; das Evangelium trägt uns auch in unserem Versagen. Ich möchte Ihnen einige Hinweise geben als Anstoß zum Nachdenken und zum Gespräch:

- Frauen und zunehmend auch Männer sind unterwegs, eine neue, reifere Gestalt ihres Menschseins für sich, füreinander und für unsere Welt zu entdecken. Wir sollten diese Aufbrüche nicht verdächtigen oder gar lächerlich machen, sondern geduldig, aufmerksam und mutig darüber sprechen, was an den überlieferten Vorstellungen und Verhaltensweisen ungenügend und unchristlich ist. Wir sollten Vorurteile und Klischees aufdecken und abbauen, nüchtern unsere Situation anschauen, wie sie ist, als Mann und Frau voneinander lernen.
- Seit es die Kirche gibt, haben Frauen mit viel Phantasie und Einsatzfreude ihre Begabungen in das Leben der Gemeinden eingebracht: in der Weitergabe des Glaubens, in der Sorge um die Armen und Kranken und im Dienst an einer warmherzigen Atmosphäre. Sie sind in der Kirche oft mehr zu Hause als die Männer; entsprechend müssen sie mit ihren Fähigkeiten und ihrer Berufung zum Zuge kommen. Nur Frauen und Männer gemeinsam können den Reichtum der biblisch und kirchlich bezeugten Gotteserfahrung entdecken und entfalten. Wie in unseren Chören dürfen die Stimmen der Frauen bei der Bezeugung des Glaubens nicht fehlen.
- Damit ist schon angedeutet, dass dieser Hirtenbrief sich keineswegs nur an die Frauen richtet. Deren Situation wird auf Dauer nur

dann anders werden, wenn auch die Männer ihr gewohntes Verhalten überprüfen. Frauen und Männer müssen zugleich ihre jeweilige Eigenständigkeit und ihre unterschiedliche Wechselbeziehung wahrnehmen. Ich hoffe und wünsche, dass das wechselseitige Gespräch in unseren Gemeinden in Gang kommt. Männer und Frauen sind beim Thema dieses Hirtenbriefes gefragt, soll es zu jener »Zivilisation der Liebe« kommen, die unser Papst als besondere Berufung der Christen in der heutigen Welt herausgestellt hat.

Gott gebe, dass wir unsere Berufung als Kirche aus Frauen und Männern erkennen und ihrer froh werden. Dieses Zeugnis des Glaubens sind wir der Welt schuldig.

Familie – Lernort des Lebens, Lernort des Glaubens

Hirtenbrief zur österlichen Bußzeit 1996

Wenn es um die Familie geht, dann sind wir alle angesprochen. »Freunde sucht man sich, Verwandte hat man.« Mit dieser Allerweltsweisheit ist längst nicht alles gesagt. Idealisiert von den einen, verteufelt von den anderen, sind die Strukturen und Erscheinungsbilder der Familie heftig in Bewegung geraten. Die katholische »Normalfamilie« ist längst nicht mehr der Normalfall, nicht nur wegen der vielen konfessionsverschiedenen Familien. In Frankfurt leben über 50 Prozent der Bevölkerung allein in ihrem Haushalt. Die Zahl der nichtehelichen Lebensgemeinschaften steigt.

Ich bin mir bewusst, dass Sie jetzt aus sehr unterschiedlichen familiären Situationen heraus diesen Brief hören oder lesen. Vielleicht leben Sie mit Ihren Kindern zusammen, oder die Kinder sind schon aus dem Haus. Vielleicht sind Sie kinderlos, oder Sie erziehen als Mutter oder Vater Ihre Kinder allein und haben nicht nur mit dem Alleinsein, sondern dazu noch mit bösen Vorurteilen Ihrer Umgebung zu kämpfen. Manchen von Ihnen wird viel zugemutet: die Behinderung eines Kindes, die Pflege der Eltern, Krankheit, Arbeitslosigkeit. Vielleicht sind Sie in Ihrer Lebensperspektive gescheitert und fühlen sich nun von der Gemeinde verlassen oder von der Kirche abgeschrieben.

Es ist nicht leicht, Sie alle in Ihrer jeweils besonderen Situation mit *einem* Brief zu erreichen. Er kann Ihnen einen Anstoß geben, damit wir miteinander ins Nachdenken kommen: Weshalb ist die Familie so wichtig? Was hängt daran für die Zukunft unserer Gesellschaft und des Glaubens?

Ein Dach über'm Kopf

In kaum einem Lebensbereich erfahren wir die Höhen und Tiefen unseres menschlichen Daseins so intensiv und hautnah wie in der Familie. Vertrauen und Angst, Gesundheit und Krankheit, Streit und Versöhnung werden in den Beziehungen zu Eltern, Kindern, Geschwistern und überhaupt zu den Angehörigen besonders stark erlebt. Die Familie ist *der Lernort des Lebens.* Hier können soziale Verantwortung und Solidarität wachsen, hier entscheidet sich, ob jemand lebenstüchtig wird und gemeinschaftsfähig.

Wenn wir von Familie sprechen, sprechen wir also immer auch von uns selbst. Die eigenen Familienerfahrungen haben uns geprägt, die zahllosen erfreulichen oder traurigen Familiengeschichten. Auch mir stehen jetzt meine Eltern und Geschwister vor Augen, die Großeltern, Onkel und Tanten, Vettern und Cousinen, Nichten und Neffen einer westfälischen Bauernfamilie. Keine heile Welt! Ich erlebe unmittelbar den Umbruch zwischen den Generationen, Enttäuschungen von Vätern und Müttern, wenn nicht mehr überkommt, was ihnen im Leben und im Glauben wichtig ist; Enttäuschungen aber auch bei den jungen Leuten, die sich nicht verstanden fühlen. Vieles zerbricht, anderes bricht auf zu mehr Partnerschaft zwischen Frauen und Männern, Kindern und Eltern.

Je mehr die festgefügten Familienstrukturen sich lösen, desto stärker meldet sich die Sehnsucht nach einem überschaubaren Lebensraum in Vertrauen und Liebe. Allen düsteren Prognosen zum Trotz halten 83 Prozent der Menschen in Europa die Familie für wichtig und weitere 14 Prozent für ziemlich wichtig. Wir alle – Kinder und Erwachsene – brauchen ein Zuhause, ein Dach über'm Kopf und mehr noch über der Seele. Ohne eine solche Behausung droht uns seelische Obdachlosigkeit. »Die Familie ist also nicht am Ende, sondern für das psychische Überleben der Menschen so wichtig wie noch nie«, sagt der Pastoraltheologe Paul Michael Zulehner. Die Familie ist Antwort auf die Urfrage des Menschen: Wo gehöre ich hin? Wo kann ich bleiben?

Als Lernort des Lebens ist die Familie zugleich *der Lernort des Glaubens.* An der Hand ihrer Eltern erfahren die Kinder, dass sie dem Leben trauen dürfen. Sie lernen, Beziehungen aufzunehmen, mit Ängsten umzugehen und Vertrauen zu gewinnen. Wer sich angenommen weiß, der kann »ja« zu sich selbst sagen und zu anderen, »ja« auch zu Gott. – Dieses Bild steht mir noch ganz lebendig vor Augen, es ist meine früheste Kindheitserinnerung: Ich liege krank im Bett, wache schweißgebadet auf aus Fieberträumen, und meine Mutter nimmt mich auf, drückt mich an ihre Brust und sagt: »Hab keine Angst. Es wird wieder gut…« Ich denke oft an meinen Vater: Es bewegt mich bis heute, dass er aufrecht stand, als viele unter dem Druck der Nazis umkippten.

In der Familie können Eltern und Kinder erfahren, dass sie geliebt werden und fähig sind, selber zu lieben. Die Liebe ist unsere tiefste Sehnsucht. Wo Eltern und Kinder sich annehmen und füreinander einstehen, da ist Gott nicht fern. Er lässt auch die nicht im Stich, die an die Grenzen ihrer Möglichkeiten kommen und am Ende sind. Liebende leben von der Vergebung. Sie nageln sich nicht unbarmherzig auf ihre Schuld fest, sondern lassen sich neu aufeinander ein.

Viele Eltern suchen Formen, wie sie mit ihren Kindern dem Glauben Ausdruck verleihen können. Ich erinnere mich gut, dass meine Eltern mehr auf Zeichen und Taten bauten als auf Worte. Für das Wachstum meines Glaubens sind nicht so sehr große liturgische Feiern wichtig gewesen, sondern die kleinen Traditionen zu Hause, das Tischgebet, das Morgen- und Abendgebet. Nicht zuletzt das Kreuz, das mir die Mutter immer wieder beim Abschied auf die Stirn zeichnete. Das prägt sich ein.

Ist das Nostalgie? Ich kenne junge Eltern, die es mit ihren Kindern ähnlich machen. Warum eigentlich nicht? Niemand sollte sich vereinnahmt fühlen. Aber der Glaube muss im alltäglichen Leben Hand und Fuß gewinnen, wenn er nicht verdunsten soll.

Nach christlichem Verständnis ist die Ehe die Grundform dauerhafter Partnerschaft von Frau und Mann und eine verlässliche Basis für das Miteinander von Eltern und Kindern in der Familie. Die Familien stehen nicht nur für das vielbeschworene »Humanvermögen« unserer Gesellschaft, sie sind auch das »Kapital« der Kirche. Wir helfen ihnen nicht, wenn wir sie einerseits idealisieren und andererseits ständig anklagen. Statt sie mit übergroßen Erwartungen und moralischen Appellen zu überfordern, sollten wir sie in ihrer konkreten Lebenssituation fördern, ihnen gerade auch in kritischen Phasen und im Scheitern beistehen.

Hilfe ermutigt. Sie dient zuallererst der *Selbsthilfe*. Wo Mütter und Väter untereinander ins Gespräch kommen und sich im Familienalltag unterstützen, kann manche Belastung abgebaut werden. Vielleicht gibt es in Ihrer Pfarrei noch keine Eltern-Kind-Gruppen oder Familienkreise. Dann sollten Sie damit anfangen. Lebens- und Glaubensfragen sind zu wichtig, als dass man sie nur nebenbei anspricht. Der regelmäßige Austausch mit Menschen, die in einer ähnlichen Situation stehen, eröffnet neue Perspektiven und gibt Orientierung.

Oft kommt man ohne *Hilfen von außen* nicht weiter. Ehe und Familie sind Weggemeinschaften und brauchen Begleitung. Sie sind mehr als andere Institutionen durch die Veränderungen in unserer mobilen Gesellschaft belastet. Es gibt eine ganze Reihe von Stellen in der Kirche, die Entlastung anbieten, vom Kindergarten über die Familienbildungsstätten bis hin zu den Beratungsdiensten. Ich bin den Frauen und Männern sehr dankbar, die in diesen Einrichtungen für die Familien arbeiten.

Staat und Gesellschaft leben weitgehend von den Familien – denken wir nur an die Kindererziehung und an die Pflege. Umgekehrt zeigen sie sich selbst den Familien gegenüber wenig solidarisch. Wissenschaftler sprechen von einer »strukturellen Rücksichtslosigkeit« der Wirtschaft und Politik gegenüber den Familien. Ich möchte hier nur einige Punkte nennen:

- Kinderlosigkeit wird, wirtschaftlich gesehen, prämiert. Das »ja« zum Kind wird nicht honoriert, es benachteiligt die Eltern.
- Die Arbeitszeiten nehmen immer noch zu wenig Rücksicht auf die Familiensituation.
- Familienarbeit wird gegenüber der Erwerbsarbeit kaum gewertet.
- Wohnungsmarkt und Wohnungspolitik sind nicht familiengerecht gestaltet.
- Die gute Idee des Familienlastenausgleichs wird nach wie vor nur halbherzig umgesetzt.

Hier besteht in Politik und Wirtschaft akuter Handlungsbedarf. Mehr noch ist unsere gesamte Gesellschaft gefragt: Was ist uns wichtig? An welchen Maßstäben orientieren wir uns? Steht der erfolgreiche Single im schnittigen Sportwagen höher im Kurs als Eltern, die um der Kinder willen auf vieles verzichten? Ist uns der Umgang mit Dingen wichtiger als der Umgang mit Menschen?

Familie als Lernort des Lebens und des Glaubens! Ich habe beim Schreiben gemerkt, wie begrenzt die Möglichkeiten eines Briefes sind. Nehmen Sie ihn bitte als Anregung für eigenes Nachdenken und für Gespräche in der Familie, in Familienkreisen und Gruppen. Gemeinsam können wir versuchen, Familie wieder stärker ins Gespräch zu bringen und Handlungsperspektiven zu entwickeln.

Das Miteinander der Generationen

Hirtenbrief zur österlichen Bußzeit 1997

Fast in jeder Familie findet sich ein Album oder Kästchen mit Fotografien von früher. Hin und wieder werden sie hervorgeholt. Dann wecken die alten Aufnahmen Erinnerungen an die Eltern und Geschwister, an Opa und Oma und andere in der Familie. Manche von ihnen haben wir vielleicht gar nicht gekannt. Wir wissen nur: Das ist der Onkel, der immer so lustig war, der eigentlich Lehrer werden wollte oder der im Krieg gefallen ist. – Andere Gesichter sagen uns viel: Eltern oder Großeltern, die unser Leben geprägt haben. Bestimmte Geschichten und Situationen fallen uns ein; die Kinder sind meist ganz versessen darauf. Es ist ein Urbedürfnis des Menschen, seinen Platz in der Generationenkette zu erforschen und einzunehmen. Wer nichts von seiner Herkunft weiß, hat keine Zukunft.

Generationenverbund

Einen Abend mit dem Familienalbum in Ehren – ist das nicht eine vergangene Welt? Fast täglich erfahren wir, wie tief der Riss durch die Generationen geht. »Da siehst du aber alt aus« – wer möchte das schon hören? Jung sein, am besten für immer, das wär's: vital, fortschrittlich, innovativ. Paradox ist nur: Den Jugendlichen ist keineswegs zum Lachen zumute. Im Gegenteil, viele haben Angst vor der Zukunft, sie sehen weder einen Arbeitsplatz noch Lebenschancen, sie fühlen sich schrecklich allein. Ihnen fehlen ältere Menschen, die ihnen mit ihrem Urteilsvermögen und ihrer Unterscheidungskraft zur Seite stehen, ohne erhobenen Zeigefinger.

Aber die Alten und Älteren trauen sich oft kaum noch, etwas zu sagen. Erlerntes Wissen wird immer schneller durch neue Entdeckungen entwertet, Trends und Moden wechseln in einem atemberaubenden Tempo. Man kann einfach nicht mehr mitreden. Die Großeltern verstummen mit ihrem reichen Lebenswissen in ihren Wohnungen und Altenheimen. Die Enkel werden Computer- und Videoprogrammen überlassen. Was wissen die Generationen noch voneinander? Direkt gefragt: Was wissen *Sie* von Ihren Kindern und Enkeln? Was wissen *Sie* von Ihren Großeltern und Eltern?

Das Miteinander der Generationen prägt auch den gesellschaftlichen Bereich. Seit Menschengedenken ist der Dreigenerationenvertrag ungeschriebenes Gesetz: Die mittlere Generation sorgt für den Nachwuchs und für die Alten. Das ist in unserer Gesellschaft mit der Sozialversicherung weitgehend auf den Staat übergegangen. Die Beziehungen zwischen der mittleren Generation und den Älteren gestalten sich dadurch in aller Regel unbelastet von wirtschaftlichen Zwängen. Der Streit ums »Altenteil« ist vorbei. Man kann frei miteinander umgehen und neu zueinander finden.

Sicher gibt es auch heute leider noch Armut unter alten Menschen. Aber keine Generation von Alten zuvor ist so unabhängig gewesen. Dagegen nimmt die Zahl der Kinder und Jugendlichen, die von Sozialhilfe leben, beängstigend zu. Die Politik hat die Lasten des Älterwerdens auf alle Schultern verteilt, während die Sorge für die Kinder weitgehend als Privatsache der Eltern gilt. Kinderlosigkeit wird in unserer Gesellschaft, wirtschaftlich gesehen, belohnt, während das »ja« zum Kind die Eltern benachteiligt. Kinderreichtum ist in zunehmendem Maße ein Armutsrisiko. Die Folgen dieser Entwicklung sind verheerend. Eine Neugestaltung des Generationenvertrages ist das Gebot der Stunde, damit die Generationen nicht gegeneinander geraten und die Zukunft verspielen.

Die Spannweite der Bibel

Das Alte Testament endet mit einer großen Verheißung. Der Prophet der Heilszeit »wird das Herz der Väter wieder den Söhnen zuwenden, und das Herz der Söhne ihren Vätern ...« (Maleachi 3,24). Das ist wie ein Vermächtnis. Die Väter und Söhne werden ausdrücklich genannt, aber selbstverständlich sind die Mütter und Töchter, die Großmütter und Großväter ebenso angesprochen. Dass das Alte Testament in diese Verheißung mündet, gibt zu denken: Wie viel Entzweiung, wie viel Leid, wie viel Entfremdung muss es auch damals schon gegeben haben? Der Prophet schreibt nach dem großen Exil: Das Volk Gottes, das doch seine Existenz dem Bund der Generationen verdankt, ist am Boden zerstört. Ein Riss geht durch die Generationen. Vor diesem Hintergrund fasst Maleachi die gesamte Glaubenserfahrung Israels zusammen in die Verheißung, dass die Generationen sich erneut einander zuwenden.

Zusammen mit den Juden halten wir Christen diese Verheißung hoch. Sonntag für Sonntag erinnert sich die Kirche dankbar des Jesus aus Nazaret. In seinem Namen sind die ausdrücklich einbezogen, »die uns im Zeichen des Glaubens vorangegangen sind«. Das Volk Gottes ist der Lebensraum, der alle Generationen seit Adams Zeiten im Vertrauen auf Gott zusammenführt. Wohl nirgends sonst wie in der jüdischen Erinnerung und im christlichen Gedächtnis wird so das Bewusstsein bewahrt, dass alle Generationen zusammengehören. Das unterscheidet uns von einer Gesellschaft, die die Jungen hochjubelt, die Alten entsorgt und die Vorfahren vergisst.

Ganz eindringlich kommt der Generationenverbund in den großen Stammbäumen zum Ausdruck, die in der Bibel an den Schnittpunkten der Heilsgeschichte stehen. Ohne Vorfahren hätte es keinen Abraham und keinen Jesus gegeben. Gott lässt sich in unsere Generationengeschichte ein. Es hängt nicht alles nur an unserem kurzen Leben. Haben wir noch den langen Atem und den Weitblick uns vorzustellen, dass die Kette unserer Nachkommen ebenso das nächste Jahrtausend überspannen möchte, wie die Kette unserer Vorfahren das vergangene durchzieht? Es liegt auch in unserer Hand, ob die Generationenkette weitergespannt werden kann oder abreißt, weil die Umwelt verseucht und zerstört ist. Wir dürfen doch die Schätze dieser Welt nicht in einem kurzem Feuerwerk zum eigenen Vergnügen verpulvern.

Das Miteinander der Generationen gelingt nicht von selbst. Wir müssen neu lernen, miteinander zu leben, nicht gegeneinander. Der Generationenvertrag meint ja nicht nur die wirtschaftlichen Belange. Er betrifft das ganze Leben. Ohne den solidarischen Zusammenhalt der Generationen ist es nicht zukunftsfähig. Wenn bewährte Traditionen und Wertvorstellungen vorenthalten werden, dann nimmt man jungen Menschen die Chance, Wurzeln zu schlagen und zu einer stabilen Identität zu kommen. Die Alten müssen den Jungen auf dem Weg zum Erwachsenwerden sagen, was trägt, und die Jungen sollten den Alten ihre Entdeckungen mitteilen. Aus der Spannung zwischen den Generationen gewinnen alle an Erfahrung.

- Ein 74-jähriger Großvater erzählt von seinen Kindern und Enkelkindern, sie hätten mit der Kirche nichts mehr im Sinn. Das sagt er mit Trauer und Betroffenheit. Und dann: »Wissen Sie, früher habe ich mit meinen Kindern über Gott geredet, jetzt rede ich mit Gott über meine Kinder ...« Lassen Sie uns die leidvollen Abbrüche zwischen den Generationen ins Gebet nehmen.
- Die österliche Bußzeit kann uns einen Anstoß geben, das Leben in der Pfarrgemeinde zu überdenken: Wie einladend sind wir für Junge und Alte, wie beziehungsfreudig, wie aufgeschlossen füreinander und wie interessiert aneinander? Ist es wirklich besser, immer nur in den altersspezifischen Gruppen unter sich zu bleiben? Wie erreichen wir, dass Junge und Alte zusammenkommen und ihre Erfahrungen teilen?
- Unsere Pfarrheime müssten eine Art Lebenshaus werden, wo die Generationen miteinander über die Zukunftsfragen von Gesellschaft und Kirche ins Gespräch kommen – ein Treffpunkt der Generationen.
- Der Generationenvertrag steht und fällt mit der Familie. Sie ist die Zukunftswerkstatt unserer Gesellschaft. Staat und Gesellschaft leben zu einem guten Teil von den Leistungen der Familie. Umge-

kehrt zeigen sie sich ihr gegenüber wenig solidarisch. Das gilt vor allem gegenüber den Müttern.

Überlegen Sie doch bitte, was Sie – ohne große Mehrarbeit, nur mit mehr Aufmerksamkeit und Phantasie – für das Miteinander der Generationen tun können, damit wir unseren Reichtum teilen, statt die Armut zu bejammern.

Der Dom an der Autobahn – Sinnbild und Herausforderung

Hirtenbrief zur österlichen Bußzeit 1985

Dieses Jahr ist für unsere Diözese von besonderer Bedeutung. Vielerorts arbeiten seit Monaten Gruppen an dem Thema »Pastoral nach 1985«: Wie soll es weitergehen mit der Seelsorge in unserem Bistum auf dem Weg ins dritte Jahrtausend? Wie können wir glaubwürdiger Kirche werden und dadurch einladender sein für andere?

Das Jahr 1985 lässt uns nicht nur in die Zukunft schauen, sondern auch in die Vergangenheit. Wir feiern Jubiläum: 750 Jahre Limburger Dom. Unser Blick geht also nach vorn und zurück. Widerspricht sich das? Ganz und gar nicht! Wer die Vergangenheit nicht kennt, den kann es die Zukunft kosten. Wer nicht weiß, woher er kommt und wem er sich verdankt, wird kaum entdecken, wohin er gehen soll. Indem wir unsere Herkunft wahrnehmen, dienen wir der Zukunft. Unser Dom soll uns den Anstoß geben, den Auftrag unserer Kirche auf die Zukunft hin neu wahrzunehmen.

Ein Vermächtnis

Was macht den Dom so kostbar? Manche Dinge, die wir besitzen, sind kostbar, weil sie viel gekostet haben: das Auto, das Haus, die Wohnungseinrichtung ... Es gibt Kostbarkeiten, die mit Geld nicht zu bezahlen sind. Ein Ring, von der Mutter oder Großmutter ererbt, von Generation zu Generation weitergegeben, ist unbezahlbar. Es ist ja nicht nur der Stein, der ihn kostbar macht. Es hängt viel mehr daran: eine Lebens- und Familiengeschichte, der unersetzliche Wert von Menschen, die ihn getragen haben. So ist es auch mit dem Limburger Dom. Wer ihn besucht, kann das spüren. Es ist nicht der Nutzwert, der ihn so kostbar macht. Wenn wir heute einen Bau planen, denken wir ganz selbstverständlich an seine Funktion, seinen Nutzen und Zweck. Wir fragen: Wie viele Sitzplätze müssen wir haben? Wie sind die Räume am wirtschaftlichsten zu beheizen? Wie ist die Luftzirkulation zu regeln? ... Solche Fragen gehen am Dom vorbei. Was sollen die hohen Gewölbe? Die Decke hätte man doch viel einfacher machen können ... Was sollen die gewaltigen Türme? Nutzloser Raum, denken wir vielleicht. Die den Dom gebaut haben, dachten anders.

Was waren das für Menschen? Was hat sie bewegt, damals, vor 750 Jahren? Wir meinen vielleicht: noch nicht aufgeklärt, unterentwickelt! Durch religiöse Vorstellungen im finsteren Mittelalter verhaftet! Arm dran, weil sie nicht wussten, wie man kalkuliert und was von Nutzen ist! – So einfach werden wir mit ihnen nicht fertig. Aus diesem Bauwerk spricht eine unerhörte Ruhe und innere Kraft. Was immer die Menschen damals gedacht haben, wie klein ihre Welt im Vergleich zu der unseren gewesen sein mag, es war eine Welt mit Maßen. Der Mensch kannte zwischen Himmel und Erde seinen eigenen Ort. Der Dom auf dem Felsen, Ort der Eucharistie und der Anbetung, erscheint wie der Mittelpunkt einer in Gott geordneten Welt. Er ist ein Vorentwurf dessen, was uns im letzten Buch des Neuen Testamentes verheißen ist: Die himmlische Gottesstadt verbindet sich mit unserer Welt zu einem neuen Himmel und zu einer neuen Erde: »Haus Gottes unter den Menschen« (Apk 21,3f.).

Daher die Harmonie, die Gliederung des Baukörpers durch Säulen, Bogen, Etagen, Fenster. Daher die Anziehungskraft, wenn wir aus der dünnen Luft unserer modernen Zweckbauten in diesen Raum eintreten, ihn durchwandern und uns schließlich irgendwo niederlassen. Der Dom, jenseits menschlicher Zwecke und Nützlichkeitserwägungen zur Ehre Gottes erbaut, erweist sich gerade so als überaus menschenfreundlich. Wo der Mensch gegen alles Kalkül Gott Raum lässt, da kann er frei atmen, da findet er sich selbst. Die Vision einer in Gott geordneten Menschenwelt lässt uns fragen, wo wir eine Bleibe haben.

In gleicher Höhe zum Dom spannt sich heute die Autobahn über das Lahntal. 50.000 Autos rollen täglich darüber. Ihr »Lärmschleier« liegt Tag und Nacht über der Stadt. Es gibt kaum ein eindrücklicheres Symbol unserer Lebenswelt als die Autobahn; sie ist in der Horizontalen das genaue Gegenstück zum Dom: schnell, laut, wirtschaftlich, ruhelos. Sie ist Kennzeichen einer »mobilen Gesellschaft«, in der man ständig in Eile ist, überholt oder überholt wird.

Wir leben in einer Welt, die uns immer neu zum Aufbruch reizt und uns Menschen begegnen lässt, die ihrerseits »auf dem Sprung« sind: Pendler, Schüler, Touristen, Ausländer ... Eine Welt der Fremden! Kennen wir die Namen der Menschen, denen wir begegnen? In der allgemeinen Namenlosigkeit kann man funktionieren, aber nicht leben. Vielen bleibt da nur noch der Rückzug in die eigenen vier Wände, in den Privatraum. Muss es uns nicht nachdenklich machen, wenn heute die Städte mit großer Energie daran arbeiten, in Fußgängerzonen, Parkanlagen oder sozialen Bauten Möglichkeiten zur Begegnung zu schaffen?

Je höher die Bankhäuser und je weitläufiger die Sportstätten werden, umso deutlicher entdecken wir die wohltuenden Maße des Menschlichen, die uns in den Kirchen überliefert sind: öffentliche Räume, über den Kirchplatz an das Leben im Ort angeschlossen. In Nischen und Seitenkapellen bieten sie dem Einzelnen und Gruppen Entspannung und Ruhe. Hier kann man aufatmen.

Ob da nicht auch die Anziehungskraft unseres Domes liegt? Er lockt im Laufe eines Jahres weit über 300.000 Besucher an, nimmt sie auf, gewährt ihnen Platz, lädt sie zur Besinnung ein und zum Gebet. Was geht in ihnen vor, wenn sie in das Kreuzgewölbe hinaufschauen? Welche Gefühle werden in ihnen wach? Neugier, Staunen, Widerspruch, Erinnerungen an die Kindheit? Was klingt in ihnen nach, wenn sie später wieder über die Autobahn nach Norden oder Süden davonfahren?

Wo gibt es für uns »Nomaden des 20. Jahrhunderts« eine Bleibe? Die Antwort des Glaubens lautet nicht einfach nur: »Kommt in die Kirche! Dort findet ihr sie!« Die Heilige Schrift sagt: »Wir haben hier keine Stadt, die bestehen bleibt, sondern wir suchen die künftige« (Hebr 13,14). Wir sind nicht am Ziel, wir können uns nicht in ein fertiges Nest setzen. Auch unser schön renovierter Dom ist kein solches Nest, sondern eine Vision dessen, woraufhin wir unterwegs sind.

Der Bau, der im Kommen ist und dem die Zukunft Gottes gehört, setzt sich aus Menschen zusammen. Der Bauplatz dieses neuen Gebäudes ist unser alltäglicher Lebensraum »zwischen Dom und Autobahn«. Dort führt Gottes Geist Menschen zusammen: wenn einer des anderen Last trägt; wenn wir in seinem Namen und in seiner Treue zueinander stehen, wenn wir uns gegenseitig trotz unserer Grenzen ertragen, wenn wir einander sieben mal siebzig Mal vergeben ... So wächst das Haus aus lebendigen Steinen und bietet allen Bewohnern und den Fremden, die uns besuchen, Rast und Lebensmut, ein gutes Wort und einen Tisch, an dem wir aufatmen und uns für das nächste Wegstück stärken können. »Haus Gottes unter den Menschen ...« – ein Ort, an dem wir selber unseren Platz finden und für andere zur Herberge werden dürfen. Können wir uns auf diese doppelte Verheißung einlassen? Ich möchte Sie zum Fragen anregen:

- Wie habe ich bisher die Kirche gesehen? Fühle ich mich trotz meiner Spannung zwischen Anhänglichkeit und Ärger, Enttäuschung und Begeisterung als wichtiges Glied dieser Kirche? Welche Erfahrungen mit der Kirche wünsche ich meinen Kindern? Was trage ich selbst zur Ermöglichung solcher ersehnten Erfahrungen bei?
- Kann ich ertragen, dass es verschiedene Einstellungen zur Kirche und in der Kirche gibt? Oder wurmt es mich, dass nicht alle so denken wie ich? Glaube ich daran, dass der Geist Gottes weht, wo *er* will (vgl. Joh 3,8), nicht nur dort, wo ich ihn gern haben möchte?

- Traue ich der Kirche einen ernsthaften Beitrag zu im Hinblick auf die Zukunft der Menschheit, auf die Zukunft der Kinder? Wo sehe ich für mich Möglichkeiten, bei der Vorsorge für künftige Lebensbedingungen mitzuwirken?
- Bejahe ich, dass die Kirche nicht nur für mich da ist, nicht nur für uns Katholiken, nicht nur für uns Europäer, dass sie vielmehr für alle Menschen da ist, die Asyl suchen, Orientierung auf dem Weg, Trost im Leid und Hoffnung für ihr Leben? Wie kann die Kirche durch mich, durch unsere Gemeinde einladender werden?

Viele Fragen werden wach, sobald wir unser Domjubiläum nicht nur im Blick rückwärts, sondern zugleich im Blick nach vorn begehen. Wir müssen uns für ihre Beantwortung Zeit lassen. Sie regen an zum gemeinsamen Gespräch. Die gemeinsame Besinnung auf diese Frage und der Austausch von Einsichten und Erfahrungen könnten der Beginn einer Erneuerung werden.

Wer sich vom Geist Gottes leiten lässt, der wird auf Wege geraten, die weiter führen als bis zur Klage über die derzeitige kirchliche Situation. Er wird lernen, die verborgenen Wege Gottes zu entdecken und mitzugehen, auch durch Wüsten.

GERECHTIGKEIT FÜR ALLE

Umkehr zur Solidarität

Hirtenbrief zur österlichen Bußzeit 1994

Vor einigen Jahren war ich in Manila. Das Bild vergesse ich nicht: ein Villenviertel in einem Park mit Palmen und tropischen Bäumen, auf dem Rasen spielen Kinder in der Sonne. Ein Ort, an dem man sich's wohl sein lassen kann. – Wäre da nicht die hohe Mauer, die das Viertel gegenüber der Umgebung abriegelt, wären da nicht die bewaffneten Kontrollposten, die nur bestimmte Wagen und Personen passieren lassen. Hinter der Mauer beginnt eine andere Welt: heruntergekommene Häuser und Hütten, die Straßen eng und laut, an den Rändern Berge von Müll.

Als Europäer sind wir empört, dass niemand durch solch himmelschreiende Gegensätze aufgeschreckt wird. Wie kann man seinen Wohlstand genießen, wenn hundert Meter weiter Menschen im Elend hausen? Wie kann man seinen Kindern teure Spielsachen kaufen, wenn die Kinder nebenan kaum etwas zum Anziehen haben? Wie kann man sich durch den Bau einer Mauer gegen die Not von Nachbarn abschotten?

Risse im Wohlstand

Wir haben leicht reden. Uns in Deutschland ist es noch nie so gut gegangen wie in den vergangenen zehn Jahren. Die Einkommen und Vermögen der privaten Haushalte und die öffentlichen Sozialleistungen sind enorm gestiegen.

Aber im Bild des Wohlstandes zeigen sich Risse. Die Zahl der Arbeitslosen und der Sozialhilfeempfänger hält eine traurige Rekordhöhe. Die Armutsuntersuchung der Caritas belegt: Jeder zehnte Deutsche lebt an der Armutsgrenze oder darunter. Viele Wege können dorthin führen: Arbeitslosigkeit, Trennung oder Scheidung, Alleinerziehen der Kinder, Verlust der Wohnung, Kinderreichtum, Pflegebedürftigkeit. Immer mehr Kinder und Jugendliche, immer mehr Menschen aus Mittelstandsfamilien geraten in den Teufelskreis der Armut. Unser über Jahrzehnte bewährtes Sozialversicherungssystem greift in vielen Fällen nicht mehr. Die Sozialhilfe war bisher nur letztes Auffangnetz; sie ist inzwischen für immer mehr Menschen zur Grundsicherung geworden.

Gleichzeitig führt die Verschuldung der öffentlichen Hand dazu, dass auch bei den Sozialausgaben gespart wird. Können wir uns Solidarität nicht mehr leisten? Man spricht vom Umbau des Sozialstaates; was wird dabei abgebaut, und was wird neu errichtet? Wird neue Solidarität angestoßen, oder werden Menschen ausgegrenzt und abgeschoben?

Schon heute zeigen sich bedenkliche Trends: Familien mit Kindern müssen aus den Städten auf's Land ziehen, weil kein bezahlbarer Wohnraum mehr zu finden ist. In bestimmten Stadtteilen konzentriert sich die Armut. In den Zentren der Städte suchen immer mehr Wohnungslose ein Zuhause. Am liebsten machen wir einen weiten Bogen um sie. Werden wir schließlich, wie in Manila, auch bei uns Mauern errichten, um uns die sozial Schwachen vom Hals zu halten?

Eine kopernikanische Wende

Gibt es solche Mauern vielleicht schon in unseren Köpfen? Dann haben wir uns, ohne es zu merken, weit von Jesus entfernt. Er hat, wie Paulus im Epheserbrief (2,14) schreibt, Mauern eingerissen und Menschen zusammengeführt. In seinem Reden und Tun hat er ihnen zu verstehen gegeben: Wer du auch bist, du bist von Gott geliebt. Er sagt »ja« zu dir. Er will, dass dein Leben gelingt. Diese Erfahrung hat die, die Jesus gefolgt sind, ermutigt und befähigt, solidarisch zu leben. Von der Urgemeinde in Jerusalem über die Hospize der Christengemeinden in der Antike und die Ordensgemeinschaften bis hin zu modernen Formen der Caritas zieht sich ein roter Faden der Solidarität durch die Kirchengeschichte.

In Jesus ist Gott über sich hinausgegangen – auf den Menschen zu. Das ist für uns der Anstoß, über uns hinauszugehen auf Gott und die anderen Menschen hin. Das ist wie eine kopernikanische Wende. In einer bestimmten Weise leben wir ja alle noch vor Kopernikus. Nicht nur deshalb, weil der Augenschein uns denken lässt, dass die Sonne auf- und untergeht und sich um die Erde dreht, sondern in einem viel schwerer wiegenden Sinn: Wir denken zumeist, wir selbst seien der Mittelpunkt, um uns müssten sich die Welt und die Menschen drehen. Auch das ist eine Illusion. Christsein ist auf diesem Hintergrund etwas Umwälzendes. Es besteht darin, die kopernikanische Wende zu vollziehen und sich nicht mehr als den Mittelpunkt der Welt zu betrachten. Dann meine ich nicht mehr, die anderen müssten sich um mich drehen, sondern ich sehe mich als eines von vielen Geschöpfen, die sich gemeinsam um Gott als die Mitte bewegen und von ihm gehalten sind. Worum dreht sich's bei uns?

Wir dürfen uns nicht mit einem familiären oder binnenkirchlichen Miteinander zufrieden geben. Was von Jesus ausgeht, betrifft die ganze Gesellschaft, ihre Leitbilder und ihre Organisation. Würde die Kirche von ihrer sozialen Praxis an der Seite der Armen abrücken, verlöre sie ihre Identität. Alle so genannten Heilswege, denen die Aufmerksamkeit für soziale Zusammenhänge und die praktische Solidarität fehlen, sind Holzwege. Solidarität zeigt, wohin der Christ gehen muss, um bei Christus zu sein.

Was alles möglich ist

Wie können wir heute solidarisch leben und andere ermutigen, es zu tun?

Viele trauen dem Staat und den Politikern nichts mehr zu. Parteien und Gruppierungen, die den Geist des Nationalsozialismus neu heraufbeschwören oder auf Gruppenegoismus setzen, haben Zulauf.

Dem müssen wir mit aller Kraft entgegenwirken. Auf Politik zu schimpfen ist leicht, gute Politik zu machen ist schwer. Viele von Ihnen kommen auf verschiedenen Ebenen ihrer politischen Verantwortung nach. Ihr Engagement verdient Anerkennung. Denn nicht Staats- und Politikverdrossenheit führen uns aus der Krise, sondern nur die tägliche, mühselige Suche nach gerechten Wegen.

Wenn es um die Zukunft unseres Landes geht, müssen wir als Christen unseren Standpunkt deutlich machen. Ein Standort Deutschland ohne Solidarität, ohne gerechte Verteilung des wachsenden Volksvermögens, ohne gerechte Verteilung von Arbeit und Wohnraum, ohne solidarische Absicherung von Krankheit und Pflegebedürftigkeit steht auf tönernen Füßen. Solidarität hat mit »solide« zu tun. Ohne Solidarität kein solides Gemeinwesen.

Staat und Politik können nicht alles. Sie sind auf das Mitdenken und Mittun von Gruppen und Einzelnen angewiesen. Wie können wir schnell und nachhaltig helfen, wenn wir von menschlicher Not in nächster Nähe erfahren? Bei meinen Pastoralbesuchen erlebe ich vor Ort, was alles möglich ist: Arbeitsloseninitiativen, Frühstück mit Obdachlosen und Wohnwagenstandorte für sie, Treffs mit Alleinerziehenden, Sozialhilfegruppen. Das ist dann nicht mehr nur »Fürsorge für«, sondern Selbsthilfe von und mit den Betroffenen. Die »milde Gabe für die Caritas« ist wichtig, aber nicht alles. Sie mildert die Not, aber verändert zunächst nichts an der Mauer zwischen Arm und Reich. Gemeinsame Aktionen für die Schaffung und Erhaltung von Wohnraum oder Arbeitsplätzen und für die gemeinsame Kinderbetreuung oder Altenhilfe sind Schritte zu einer solidarischen Gemeinde. Dabei kann die in unserer sozialen Tradition verwurzelte Genossenschaftsidee, wie Beispiele zeigen, zu neuen Lösungen führen.

Strukturelle Probleme verursachen die hohe Arbeitslosigkeit. Die Frage nach einer aktiven Beschäftigungspolitik verschärft sich. Darüber dürfen wir aber die in unseren Gemeinden, die arbeitslos sind, nicht übersehen. Zu den materiellen Problemen kommt bei vielen die Erfahrung hinzu, nichts mehr zu gelten, auch von Freunden und Nachbarn abgeschrieben zu sein. Hat bei uns das ehrenamtliche Engagement ein so hohes Ansehen, dass solche Menschen eine Aufgabe finden, die sie nicht nur beschäftigt, sondern auch herausfordert und bestätigt?

Unsere Gemeinden und Gemeindezentren müssen Orte sein, an denen wir uns über solche Ideen und Handlungsmöglichkeiten verständigen. Wie sollen wir von der Not anderer Menschen erfahren, wenn alle nach dem Gottesdienst so schnell wie möglich nach Hause eilen? Vielleicht ist die Fastenzeit für Sie ein Anlass, sonntags nach dem Gottesdienst zusammenzubleiben und zu überlegen, welche Mauern quer durch das Pfarrgebiet laufen, welche Durchbrüche wir schaffen und unter allen Umständen offen halten müssen, damit unser »Pfarrbetrieb« mit Gottesdiensten, Gruppen und Gremien nicht zu einem Karussell wird, das sich nur um sich selbst dreht.

Wenn wir von Solidarität reden, dürfen wir auch die Menschen in den Ländern des Südens und die künftigen Generationen nicht außer Acht lassen. Die eingangs beschriebenen Wohnviertel in Manila geben im Grunde ja die Situation auf unserer Erde wieder. Die Gegensätze zwischen Arm und Reich im Weltmaßstab sind weit krasser als bei uns. Aber auch in der Einen Welt sind Veränderungen möglich. Sind wir bereit, sie mitzutragen und sie politisch einzufordern, auch wenn sie uns etwas kosten?

Die Zeit drängt. Die Wende, auf die es ankommt, ist die Umkehr zur Solidarität. Sind wir zu dieser Umkehr bereit?

Hunger und Durst nach Gerechtigkeit

Hirtenbrief zur österlichen Bußzeit 1992

1492 ist eine der ersten Jahreszahlen, die wir in der Schule lernen: Christoph Kolumbus entdeckt Amerika. Eine Neue Welt eröffnet sich für Europa. Ein neues Zeitalter bricht an, die Neuzeit.

Entdeckungen

Wir sind gewohnt, diese »Entdeckung« aus unserem Blickwinkel zu betrachten: Der Horizont Europas weitet sich; Freiheitsraum und Freiheitsbewusstsein wachsen; das Evangelium geht bis an die Grenzen der Erde. Aus der Situation der Ureinwohner Amerikas sieht das alles ganz anders aus. Sie, deren Land die Europäer entdeckt zu haben meinen, entdecken ihrerseits die Europäer. Sie erleben sie zumeist als gewalttätige Eroberer, die ihnen den Lebensraum nehmen und sie wie Untermenschen behandeln, die in ihrer Gier nach Gold und Silber über Leichen gehen, deren Verhalten im Widerspruch steht zum Evangelium, auf das sie sich berufen. 1492 ist nicht nur entdeckt, sondern auch verdeckt und verschüttet worden: die Kultur der Indios, ihre Religion und Sprache und vor allem ihre Menschenwürde. Und nicht zuletzt wurde das Evangelium verdeckt, das für die Unterdrückten und Entrechteten Partei ergreift.

Wenn wir uns also 500 Jahre danach das Entdeckungsdatum in Erinnerung rufen, holen uns die langen Schatten ein, die damit verbunden sind. Sie machen es unmöglich, dass wir unbefangen ein Jubiläum feiern. Zu viel Leid ist in den fünf Jahrhunderten geschehen, zu viel unschuldiges Blut geflossen. Dieser Geschichte nachzugehen, ist hier nicht der Ort.

Ich möchte Sie heute auf die Herausforderung hinweisen, die mit dem Gedenken an uns ergeht. Das Thema Unterdrückung gehört ja nicht der Vergangenheit an. Als der Papst im Juni 1980 zu seinem ersten Pastoralbesuch in Brasilien war, sagte ihm der Sprecher der Indios: »Wir kämpfen um Bedingungen, dass wir als Menschen und als Völker leben können. Aber seitdem andere Völker hierher kamen, werden wir direkt oder indirekt umgebracht...« – Bei seinem Brasilienbesuch 1991 musste die Tochter dieses Mannes dem Papst mitteilen, dass ihr Vater bald nach seinem offenen Wort ermordet wurde. – Mehr noch als durch frühere Gräueltaten sind wir heute durch das Unrecht herausgefordert, das vor unseren Augen geschieht.

Ein Fasten nach dem Herzen Gottes

Aber schauen wir überhaupt noch hin, wenn das Fernsehen uns in die Gesichter der Armen sehen lässt, in die leeren Augen verhungernder Kinder? Was können wir da schon tun?

Das Evangelium erzählt, wie Jesus in der Wüste fastet und vom Teufel versucht wird: »Befiehl diesem Stein, zu Brot zu werden.« Jesus widersteht der teuflischen Versuchung, mit einem Zauberwort das Problem des Hungers aus der Welt zu schaffen. Er, der Sohn Gottes, setzt auf die Möglichkeit des Menschen, *sich* zu ändern und dadurch Veränderungen in der Welt herbeizuführen. Das ist ein wichtiges Ziel der Fastenzeit.

Viele fasten heute, um gesund zu bleiben oder um besser auszusehen. Christliches Fasten greift weiter aus. Es erschöpft sich nicht in privaten Frömmigkeitsübungen. Es ist immer auch eine soziale Tat, die verhindern kann, dass wir uns in den kleinen Maßstäben unserer eigenen Bedürfnisse einrichten. Es stellt uns an die Seite der Armen und Entrechteten. So sagt der Prophet Jesaja:

»Das ist ein Fasten, wie ich es liebe:
die Fesseln des Unrechts zu lösen,
die Stricke des Jochs zu entfernen,

die Versklavten freizulassen,
jedes Joch zu zerbrechen,
an die Hungernden dein Brot auszuteilen,
die obdachlosen Armen ins Haus aufzunehmen« (Jes 58,6f.).

Sehen – Urteilen – Handeln

Wie können wir dem Anspruch dieses Prophetenwortes entsprechen? Dazu möchte ich Ihnen in dem bewährten Dreischritt »Sehen – Urteilen – Handeln« Wege aufzeigen:

Sehen – Täglich sehen wir in den Medien dicht vor uns im eigenen Zimmer Menschen, denen Unrecht geschieht. Den Hungernden und Vertriebenen steht es im Gesicht geschrieben. Man kann das sehen – und doch nicht sehen. Sie wissen ja: »Man sieht nur mit dem Herzen gut ...« Wie wäre es, wenn Sie in den kommenden Tagen und Wochen ganz bewusst eine Sendung oder einen Zeitungsartikel auswählten, in denen das Recht der Armen zur Sprache kommt? Oder Sie schenken *einem* Bild Ihre ganze Aufmerksamkeit, stellen es sich in Ihrer Wohnung ausdrücklich vor Augen und nehmen es sich zu Herzen. Dann können Ihnen ganz neu die Augen aufgehen.

Urteilen – Das Sehen wirft Fragen auf: Was ist zu tun aus der Ferne, als Einzelner? Wie kann ich mich sachkundig machen? Wo ist der richtige Weg? Um sich darüber ein Urteil zu bilden, ist es wichtig, mit anderen ins Gespräch zu kommen. Sprechen Sie doch einfach Menschen in Ihrer Umgebung auf eine bestimmte Sendung hin an. Oder Sie machen mit im Sachausschuss Mission – Entwicklung – Frieden in Ihrer Gemeinde. Der konziliare Prozess für Gerechtigkeit, Frieden und Bewahrung der Schöpfung hat zahlreiche ökumenische Gruppen auf den Weg gebracht.

Vielerorts gibt es Eine-Welt-Gruppen, die sich über die Situation in den Armutsregionen informieren, andere darüber aufklären und ganz bestimmte Projekte in Afrika, Asien oder Lateinamerika unterstützen. Sie werden oft an den Rand der Gemeinde gedrängt. Dabei gehören sie in die Mitte.

Handeln – Worte ohne Taten bleiben leer und wirkungslos. An der Schwelle zur Tat ist die Versuchung zur Resignation am größten: »Es ist ja doch nichts zu ändern ...« – Die Handlungsspielräume sind allemal größer, als Skepsis und Kleinmut uns einreden wollen. Ein afrikanisches Sprichwort sagt: »Viele kleine Leute an vielen kleinen Orten, die viele kleine Schritte tun, können die Welt verändern.« Auf einige solcher kleinen Schritte möchte ich Sie hinweisen:

- *Partnerschaften* der Pfarreien und des Bistums ermöglichen direkte Kontakte zu Menschen in den armen Ländern. Dabei erfahren wir in der Regel: Wir sind nicht allein die Gebenden, sondern zugleich die Beschenkten. Wir erleben, wie beziehungsfähig und spontan Menschen anderer Kulturen sind, wie sie auch in schwierigsten Situationen die Hoffnung nicht aufgeben. Was geht uns an Lebensfreude verloren, wenn wir uns vor ihnen abschotten!
- In der Partnerschaftsarbeit sollte man sich der Sachkompetenz der kirchlichen Hilfswerke bedienen. Sie unterstützen die Selbsthilfe der Armen. Unsere *Spenden* werden damit zu einem wichtigen Ausdruck der Solidarität.
- In unseren *Einkaufskörben* liegen Produkte aus aller Welt. Wissen wir, unter welchen Bedingungen sie angebaut und vermarktet werden? Ist es uns gleichgültig, ob der kamerunische Bauer einen gerechten Preis für seine Kaffee-Ernte bekommt? Kritische Anfragen bei Importeuren, Handelsketten und anderen Beteiligten bleiben nicht wirkungslos. Auch der durch die GEPA organisierte Verkauf von Produkten aus der so genannten Dritten Welt ist ein bewusstseinbildendes Signal.
- Es gibt verschiedene Organisationen, die *Menschenrechtsverletzungen* aufdecken und sich für die Opfer einsetzen (z. B. amnesty international). Ihre Arbeit verdient unsere Unterstützung.

Wir dürfen dankbar sein, dass wir in Freiheit und Wohlstand leben können. Dies sollte uns aber nicht dazu verführen, angesichts weltweiten Elends und Unrechts die Augen zu verschließen und unsere Grenzen für jeden Hilfesuchenden unüberwindlich zu machen. Die Flüchtlinge, die zu uns kommen, sind Teil einer großen Flüchtlingsbewegung, die von Süden nach Norden, von Osten nach Westen treibt. Sie konfrontieren uns mit den Ursachen ihrer Flucht. Es ist zukunftsentscheidend, ob wir uns ihnen zuwenden und helfen, die Situation in ihren Heimatländern zu verbessern.

Ich bitte Sie, in Ihren Gemeinden und Gruppen zu überlegen, welche Schritte nötig und möglich sind, um auf dem Weg zur Gerechtigkeit für alle Menschen weiterzukommen. Teilen Sie Ihre Ideen und Initiativen anderen mit.

Jesus ist Grund und Ziel unseres Einsatzes für eine gerechtere Welt. Er widerstand der teuflischen Versuchung zu schnellen Lösungen, er setzte auf die Bekehrung der Menschen. Er lehrt uns, die Realitäten mit den Augen der Opfer zu sehen; er weckt den Hunger und Durst nach »Gerechtigkeit für alle«; er schenkt die Verheißung »eines neuen Himmels und einer neuen Erde, in denen die Gerechtigkeit wohnt« (2 Petr 3,13). Darauf hoffen wir, darum beten wir, daran dürfen und müssen wir mitarbeiten.

Heimat in der Fremde

Hirtenbrief vom September 1986 zur Asylantenfrage

Unsere Zeit ist reich an Rekorden – nicht nur des Fortschritts, sondern auch des Elends. Das Jahrhundert der Weltraumfahrten ist das Jahrhundert der Flüchtlinge. 15 Millionen Menschen sind gegenwärtig aus ihrer Heimat geflohen. Etwa 100.000 von ihnen werden in diesem Jahr in die Bundesrepublik kommen. Hier sind wir nicht nur als Bürger unseres Staates gefragt, sondern vorab als Christen. Ich möchte Sie mit diesem Hirtenbrief anregen, sich in Ihrer Pfarrgemeinde, im Kreis Ihrer Familie und Ihrer Bekannten dieser Gewissensfrage zu stellen und eine Antwort zu suchen, die vor Gott bestehen kann.

Angst vor dem Fremden

Täglich erhalte ich Briefe, die den Teufel an die Wand malen und tief sitzende Ängste verraten. Da ist von der »drohenden Asylantenflut« die Rede und von der »Flüchtlingsschwemme«, von »Schmarotzern« und »Parasiten«. Es wird davor gewarnt, »alle Unzufriedenen der Dritten Welt in unser überbevölkertes Land aufzunehmen«. Werden wir um den verdienten Lohn unserer jahrzehntelangen Aufbauarbeit gebracht? Wohnen wir nicht ohnehin schon auf engem Raum mit vielen arbeitslosen Landsleuten? Fragen über Fragen, denen wir uns nüchtern stellen müssen. Wo Angst nicht ernst genommen und aufgearbeitet, sondern gar verantwortungslos aufgewühlt und hochgepeitscht wird, da werden Mitmenschen zu Gespenstern. Oder sie werden zum Sündenbock gestempelt, der an der steigenden Gewalttätigkeit und am zunehmenden Drogenmissbrauch schuld ist.

Solche Abwehrreaktionen sind nur allzu menschlich. Solange wir unter uns sind, scheint alles bekannt und verlässlich. Tauchen Fremde auf, die auf der Flucht bei uns unterkommen wollen, dann gerät vieles durcheinander. Und sehr schnell können Unsicherheit und Angst in Ablehnung und Hass umschlagen. Dann wird schließlich jeder Asylant zur Bedrohung; und kommen sie in Scharen, dann vervielfachen sich die Abwehrgefühle.

Wir machen es uns zu leicht, wenn wir behaupten, der größte Teil der Asylbewerber missbrauche unser Recht, um in den Genuss des Wohlstandes zu gelangen. Die weitaus meisten Flüchtlinge kommen aus Ländern, in denen Krieg, Terror oder Hunger herrschen. Gerade die Menschen der Dritten Welt hängen an ihrer Heimat und ziehen nicht ohne Not in die Fremde. Sicher gibt es auch solche, die aus fragwürdigen Motiven zu uns kommen. Und es gibt sog. Schlepperorganisationen, denen gerade im Interesse der Asylanten und Flüchtlinge das Handwerk zu legen ist. Aber es ist unverantwortlich, vom Missbrauch her den ganzen Problembereich in Misskredit zu bringen.

Gottes Erwartung

Was ist in dieser Frage der Maßstab für Christen? Was erwartet Gott von uns? Schauen wir auf Jesus. Sein Leben beginnt mit der Herbergssuche Josefs und Marias. Unterwegs kommt er zur Welt. Und schon bald muss er vor dem politischen Druck des Herodes nach Ägypten fliehen. Er geht ins Exil, er bittet um Asyl. »Er kam in sein Eigentum, aber die Seinen nahmen ihn nicht auf...« (Joh 1,11). Jesus ist zeit seines Wirkens unterwegs gewesen von Ort zu Ort, wie ein Wanderprediger. Er hat mit seinen Jüngern die Fremde zu spüren bekommen. »Der Menschensohn hat keinen Ort, wo er sein Haupt hinlegen kann« (Mt 8,20).

Die Gemeinde Jesu weiß, dass sie in seiner Nachfolge allemal in der Fremde ist: »Wir sind nur Gast auf Erden...« Wer die Heimat hier und jetzt zum ewigen Privatbesitz oder zur unwiderruflichen Erbpacht erklärt, der überschätzt sich selbst und die Gestalt dieser Weltzeit. Wir sind unterwegs. Diese Erde ist nicht unsere ewige Heimat.

Weil wir selbst »Fremde und Gäste sind in dieser Welt« (1 Petr 2,11), dürfen wir den Fremden nicht abweisen. Er ist Mensch wie wir. Und er trägt die Züge Christi: »Ich war fremd, und ihr habt mich aufgenommen« (Mt 25,35).

In der so genannten Asylfrage steckt also bei Licht gesehen eine Gottesfrage an uns, die Einheimischen. *Er* steht vor der Tür. Öffnen wir ihm? Nicht weil alle Menschen in gleicher Weise sympathisch wären, sollen wir uns ihnen zuwenden – sondern weil Gott ihr Vater ist und sie im Namen Jesu als seine Söhne und Töchter annimmt. Wenn er alle zu seiner Familie zählt, dürfen wir, die wir uns ausdrücklich auf ihn berufen, dann starre Grenzen ziehen zwischen Nationalitäten und Rassen? In der Kirche kann und darf es keine Fremden, keine Ausländer geben.

Eine Welt

Vom Evangelium her wird die gegenwärtige Situation zu einer Herausforderung an unsere Christlichkeit. Wir können uns die Not und das Elend der übrigen Welt nicht vom Halse halten, wir können nicht so tun, als lebten wir in unserem Land auf einer Insel der Sicherheit und des Wohlstandes. In Wirklichkeit rücken uns mit den Flüchtlingen zugleich die Ursachen ihrer Flucht auf den Leib: Menschenrechtsverletzungen, Verfolgung und Benachteiligung, Ungerechtigkeit und Armut. Wir erfahren unmittelbar, was alles in unserer Welt los ist.

Die Flüchtlinge lehren uns aber auch, dass wir alle in einem Boot sitzen. Unsere nationalen Interessen lassen sich nur noch *mit*, nicht *gegen* die Interessen der Länder der Dritten Welt wahren und fördern. Je mehr wir dazu beitragen, die Ursachen der Flüchtlingsströme dort zu bekämpfen, desto weniger Flüchtlinge wird es auf Dauer geben. Entweder werden wir eine Menschheitsfamilie, oder der nationalistische Eigennutz treibt uns in den Abgrund; entweder gibt es eine Welt-Innenpolitik, oder es kommt immer mehr zum angsthaften Kampf aller gegen alle. Wenn wir heute nicht bereit sind zu teilen, werden die Armen sich morgen holen, was sie brauchen. Die Ankunft der notleidenden und hilfesuchenden Fremden hierzulande sollten wir als Zeichen der Zeit begreifen. Sie könnte ein ebenso schmerzhafter wie letztlich heilbringender Anstoß werden auf dem Weg zu einer einigen Welt für alle Menschen.

Was können wir tun?

In den Briefen werde ich mit Recht immer wieder daran erinnert, dass es nicht damit getan ist, Forderungen an andere zu richten. Unsere eigene Hilfe ist gefragt.

Sicher sind der Staat und die kommunalen Stellen hier in die Pflicht genommen und können sich von ihrer unmittelbaren Verantwortung nicht dispensieren. Sie haben trotz aller Schwierigkeiten dafür zu sorgen, dass die Flüchtlinge in menschenwürdigen Verhältnissen unterkommen. Artikel 1 unseres Grundgesetzes lautet: »Die Würde des Menschen ist unantastbar.« Es geht nicht an, diesen Satz von Gruppe zu Gruppe unterschiedlich auszulegen, als ob es verschiedene Güteklassen von Menschen gäbe. Die menschenwürdige Versorgung darf nicht an Finanzmitteln scheitern. Wir geben in unserem Land im Jahr eine halbe Milliarde Mark für die Asylanten und Flüchtlinge aus, während die Tabaksteuer dem Bund allein 16 Milliarden einbringt.

Wir dürfen uns als Christen und als Kirche nicht mit dem Hinweis auf staatliche Stellen aus unserer Verantwortung davonstehlen. Die Frage der Belastbarkeit unserer Gesellschaft ist eine Frage an uns selbst: Wie weit lassen wir uns im Namen Jesu Christi belasten? – Es gibt Pfarrgemeinden, Gruppen und einzelne Christen, die uns mit gutem Beispiel vorangehen. Von ihnen können wir lernen, was zu tun ist:

- *Sachliche Information* ist am ehesten geeignet, Ängste abzubauen und Abwehrgefühlen entgegenzuwirken. Ich bitte die synodalen

Gremien und die Verbände, nach Kräften mitzuhelfen, über die Lage der Flüchtlinge in aller Welt und auch bei uns sachkundig aufzuklären.

- Ich höre und erlebe, dass der *persönliche Kontakt* mit den Betroffenen am meisten dazu beiträgt, Vorurteile abzubauen. Versuchen Sie in Erfahrung zu bringen, wo in Ihrer Gemeinde Flüchtlinge und Asylanten leben und wie sie leben. Laden Sie diese zu Gesprächen, zu gemeinsamen Festen und Gottesdiensten ein. Die »Woche der ausländischen Mitbürger« ist ein guter Anlass, mit solchen Initiativen zu beginnen.
- Suchen Sie *Kontakt zu den Gruppen*, die sich bereits um die Flüchtlinge kümmern. So können Sie gemeinsam helfen bei der Beschaffung von Unterkunft und Hausrat, beim Sprachunterricht, bei der Kinderbetreuung und beim Umgang mit den Behörden.
- Ich bitte alle betroffenen Pfarrgemeinden, Ordensgemeinschaften und sonstigen kirchlichen Stellen, mit den jeweiligen Behörden zusammenzuarbeiten, um *Unterbringungsprobleme* von Asylbewerbern so gut wie möglich zu lösen. In der Bundesrepublik Deutschland gibt es 500.000 leer stehende Wohnungen, darunter auch solche, die kirchlichen Institutionen gehören.
- Die Mitarbeiterinnen und Mitarbeiter des *Caritasverbandes* haben Erfahrung im Umgang mit den Flüchtlingen und wissen, wie man ihnen am besten helfen kann. Laden Sie diese in Ihre Gruppen ein. Im Bereich des Deutschen Caritasverbandes sind an die 200 Stellen eingerichtet, die sich in Rechtsberatung und Sozialarbeit mit Asylbewerbern befassen.

Ich möchte allen haupt- und ehrenamtlichen Helferinnen und Helfern, die sich der gegenwärtigen schwierigen Situation stellen, herzlich danken. Vieles ist getan, mehr noch bleibt gerade kirchlicherseits zu tun. Die gegenwärtige Situation ist nicht nur eine bedrückende Last, sondern auch eine Chance, eine Herausforderung unseres Christseins. Lassen Sie uns den Erwartungen Gottes mehr trauen als den vielen Einwänden um uns und in uns.

Wir lassen euch nicht allein

Hirtenbrief vom Advent 1998
zur Schwangerenkonfliktberatung

Die Zukunft hat Konjunktur. Sind wir fit für die Zukunft? Christen stellen sich dieser Frage Jahr für Jahr vor ihren Hochfesten. Da gibt es eine Zeit der Vorbereitung, des Nachdenkens und Besinnens, auch der Umkehr und Buße. Zum Beginn der diesjährigen Adventszeit will ich mit Ihnen eine Sorge teilen, die mich seit langem umtreibt und mir gerade jetzt keine Ruhe lässt.

Sehen, was ist

In den vergangenen Wochen habe ich die elf Beratungsstellen unseres Bistums besucht, die den Frauen helfen, die durch ihre Schwangerschaft in schwere Konflikte geraten sind. Ich habe mit unseren Beraterinnen vor Ort ausführlich gesprochen, aber vor allem mit über zwanzig betroffenen Frauen. Dabei sind mir die Augen aufgegangen. Selten habe ich so unmittelbar erlebt, was das heißt, sitzen gelassen zu sein, allein sehen zu müssen, wo man bleibt und wie man durchkommt. Es ist zumeist ein Knäuel von Beziehungsproblemen und existentiellen Krisen, von innerer und äußerer Not, von Schulden und Schuld, das Frauen an den Rand der Verzweiflung bringt. Weil sie nicht mehr ein noch aus wissen, empfinden sie das in ihnen wachsende Leben als Bedrohung. Wer in dieser Situation einfach nur sagt: »Da muss die Frau sehen, was sie tut«, lässt Alleingelassene noch einmal mehr allein. Er schiebt ihnen allein die Lösung von Problemen zu, die oft genug durch Herkunft und Lebenswelt vorprogrammiert sind, durch Politik und ein gesellschaftliches Klima, das jeden sich selbst überlässt.

Wir haben in der vergangenen Zeit in der Kirche heftig über die Bedeutung und die Zulässigkeit der Bescheinigung gestritten, die die Schwangerschaftskonfliktberatung bestätigt. 18 der 24 betroffenen Frauen, mit denen ich gesprochen habe, sagten mir, sie wären nicht zur kirchlichen Beratungsstelle gekommen, wenn sie dort keinen Beratungsschein erhalten hätten. Das gibt zu denken. Und doch geht es um weit mehr als nur um den Schein. Es geht darum, dass allein gelassene Frauen bei uns erfahren: Die sind für mich da; auf die kann ich mich verlassen. Diese Erfahrung ist lebensrettend und lebensentscheidend.

Wir haben ein dichtes Netz von Beratungsstellen und caritativen Hilfen aufgebaut. Die Beraterinnen unserer Schwangerschaftskonfliktberatung haben mich durch ihren persönlichen Einsatz weit über ihre dienstliche Verpflichtung hinaus nachhaltig beeindruckt. Auch in Gemeinden und Verbänden haben sich hervorragende Initiativen entwickelt. Und doch können und müssen wir bistumsweit noch viel mehr tun, um uns als »Freunde des Lebens« zu erweisen.

Tun, was dem Leben dient

Wir brauchen als Ergänzung zu der Arbeit unserer Beratungsstellen ein dichtes Netz ehrenamtlicher Helferinnen und Familien, die Frauen auch weit über die Geburt ihres Kindes hinaus in Alltagsfragen begleiten. Da haben alle etwas einzubringen: Jugendliche, die Babysitterdienste organisieren, Männer, die eine Wohnung einrichten, Frauen, die Gesprächspartnerinnen sind und vielleicht zu Freundinnen werden, Opas und Omas, die nicht nur für die eigenen Enkel da sind. Ich bin sicher, dass wir gemeinsam Ideen und Aktivitäten entwickeln, die unsere Gesellschaft kinder- und familienfreundlicher werden lassen und Frauen in Schwangerschaftskonflikten eine ermutigende Lebensperspektive eröffnen.

In vielen Fällen braucht es auch die finanzielle Unterstützung, um eine Babyausstattung zu besorgen, Schulden zu erleichtern oder um aus finanziellen Notlagen zu helfen, die durch die Sozialhilfe und andere Möglichkeiten nicht abgedeckt sind. Seit Jahren steht dafür der aus Mitteln der Kirchensteuer gespeiste »Bischöfliche Hilfsfonds« bereit. Mit Spenden kann dieser Fonds aufgestockt werden, um die Hilfsmöglichkeiten zu erweitern. Ein von mir berufenes Gremium wacht darüber, dass diese Mittel zielgerichtet und schnell dort eingesetzt werden, wo andere Hilfsquellen versagen.

Mit einem Brief an alle katholischen Christen im Bistum möchte ich erreichen, dass unsere Beratungsstellen und unsere Hilfsangebote bekannter werden. Wenn Sie in Ihrer Straße dafür sorgen, dass diese Briefe verteilt werden, tragen Sie dazu bei, auf unsere Angebote aufmerksam zu machen.

Aufklären und beistehen

Wir müssen auch unsere Ehevorbereitung ausweiten. Ich will mich nicht damit abfinden, dass im Rahmen der Sexualerziehung katholische Beratungsstellen bisher kaum gefragt sind. Unsere Beraterinnen und Berater, Religionslehrerinnen und Religionslehrer sind kompetent in den Fragen um Liebe, Freundschaft und Sexualität und sollen ihre Kompetenz in Schule, Jugendarbeit und Erwachsenenbildung auch einbringen. In der Jugendarbeit, der Schule und der Erwachsenenarbeit können wir, obwohl in unserer Gesellschaft öffentlich viel von Sexualität geredet wird, nicht davon ausgehen, dass die meisten Menschen über Geschlechtlichkeit und Liebe in all ihren Dimensionen das entsprechende Wissen haben, geschweige denn, dass sie dies angemessen zur Sprache bringen könnten. Wenn wir als Christen der Liebe zum Nächsten einen so hohen Stellenwert einräumen, müssen wir auch über die geschlechtliche Seite der Liebe reden. Sexualaufklärung und Familienplanung dürfen für uns keine Fremdworte sein. Mancher Schwangerschaftskonflikt könnte durch besseres Wissen und vor allem durch die Fähigkeit, über die körperliche Seite der Liebe zu reden, vermieden werden.

Ich möchte nach meinen Möglichkeiten den Schutz des ungeborenen Lebens ganz oben auf die Tagesordnung setzen. Ich bin davon überzeugt, dass wir uns nicht in Schein-Debatten erschöpfen dürfen, sondern dass es uns vor allem darum gehen muss, glaubhafte »Freunde des Lebens« zu sein, Anwälte des Lebens, die nicht nur kluge Ratschläge geben, sondern auch anpacken.

In den Jahren meines bischöflichen Dienstes bin ich selten meinem Wahlspruch »Den Armen das Evangelium verkündigen« so auf der Spur gewesen wie in den Begegnungen mit Frauen in Schwangerschaftskonflikten. Wie können wir uns Gott als Kind in der Krippe nähern, wenn wir nicht daran mitarbeiten, den Müttern und Kindern in unserer Umgebung Lebensperspektiven zu eröffnen und sie erfahren lassen: Wir lassen euch nicht allein.

Den Krieg besiegen

Hirtenbrief vom Fastnachtssonntag 1991 zum Krieg am Persischen Golf

»Shalom statt Helau« – unter diesem Motto wollen am Fastnachtssonntag Kinder in einem Pfarrheim unseres Bistums zusammenkommen. Manche werden verkleidet sein, und dann werden Indianer und Cowboys nicht aufeinander schießen, sondern zusammen spielen – Friedensspiele. Das geschieht zu einer Zeit, da im Baltikum Menschen gewaltsam zu Tode kommen und der Krieg am Golf mit blutigem Ernst weitergeführt wird.

Anfragen

Fastnacht fällt dieses Jahr fast überall aus. Der Krieg bringt unseren Kalender durcheinander. Und doch droht er nach vier Wochen schon alltäglich zu werden. Fast selbstverständlich gehört er zu den täglichen Nachrichten. Selbst wenn wir von Bomben und Raketen nicht getroffen werden, trifft der Krieg uns doch. Er verstört unser Lebensgefühl, das durch die Annäherung der Großmächte und die Einigung Deutschlands hoffnungsvoll gestimmt war.

Der Golfkrieg fordert ungeheure Opfer an Menschenleben. Wie viel Leid hat er schon jetzt über Menschen gebracht? Das Ausmaß der Zerstörung und des Grauens, die Gesichter und Körper der toten und verstümmelten Menschen werden uns durch die zensierte Berichterstattung zumeist vorenthalten. Dennoch – in den Älteren unter uns werden bittere Erinnerungen aus dem letzten Weltkrieg lebendig. Was damals in Bombennächten und Schützengräben erschütterte und erschreckte, überfällt heute andere Menschen, jetzt in noch furchtbareren Ausmaßen. In der jüngeren Generation sind viele schockiert, sie verlieren das Vertrauen nicht nur in die politische Vernunft, sondern auch in unsere Lebensart und Gesellschaftsordnung. Während die Orte der Gaskammern von damals an das beispiellose Verbrechen erinnern, das vor wenigen Jahrzehnten in unserem Land am jüdischen Volk begangen wurde, wird Israel heute erneut von tödlichem Gas bedroht – auch aufgrund des Versagens in unserer Wirtschaft und Politik.

Was ist zu alldem aus christlicher Sicht zu sagen? Auf keinen Fall schulmeisterliches Reden. Jeder kann ahnen, vor welch schwierige Entscheidungen die Verantwortlichen in der Politik gestellt sind. Wir haben nicht das letzte Wort und sitzen nicht zu Gericht über andere. Das ist Gottes Sache. In unserem Glauben finden wir Anhalt, freilich auch Anfragen an uns. Sie kommen aus der Mitte des Evangeliums.

Was der Glaube wagt

Der Gott, an den wir glauben, ist kein Kriegsgott, kein Gott nur einer Nation, kein Gott nur einer Armee. Er steht auf der Seite der Opfer. Gerade so ist er der Gott und Vater aller Menschen – in Süd und Nord, in Ost und West. Er begegnet uns in Jesus Christus, der Gewalt erlitt, weil er auf Gegengewalt verzichtete. So ist er unser Friede, er allein. Das Kreuz Christi macht beides offenbar: den ganzen Abgrund menschlicher Gewalttätigkeit, die immer neu unschuldige Opfer fordert und Menschen leiden lässt; aber auch das Ausmaß von Gottes Gewaltlosigkeit, der mitten in menschlicher Gewalt leidet, um sie liebend zu verwandeln und Gerechtigkeit zu schaffen. Aus unserem Glauben ergeben sich also zwei zentrale Perspektiven, eine ernüchternde und eine befreiende:

- Wer an Jesus Christus glaubt, wird die Macht der Lüge und Gewalttätigkeit in uns und um uns nicht unterschätzen. Ganz im Gegenteil!
- Zugleich wird er im Namen Jesu Christi bekennen, dass Gewaltfreiheit möglich ist und Geschichte macht.

Deshalb sind wir der Überzeugung, dass Konflikte heute weniger denn je durch Krieg zu lösen sind. Mit den Worten des Papstes: »Kein internationales Problem kann auf angemessene und menschenwürdige Weise mit dem Rückgriff auf Waffen gelöst werden. Die Erfahrung hält der ganzen Menschheit vor Augen, dass Krieg – unabhängig von den vielen Opfern – eine Situation von schwerer Ungerechtigkeit schafft, die eine starke Versuchung zu weiterer Zuflucht zu Gewalt darstellt.«

Wir wissen wohl – das Kreuz zeigt es – wie hoch der Preis eines solch gewaltfreien Einsatzes sein kann. Und erst, wenn wir in der Begegnung mit Christus und im Umgang miteinander unsere eigene Gewalttätigkeit und Aggressivität anschauen und durcharbeiten, werden wir fähig, die Spirale der Gewalt zu durchbrechen und glaubwürdig für Gewaltlosigkeit einzutreten. Wenn Gewalttätigkeit ausbricht, liegt dem zumeist schon eine lange Geschichte von Missverständnissen, Unterdrückung und Hass zugrunde, die es zu erkennen und aufzuarbeiten gilt. Wir selbst sind darin verstrickt, sind Mittäter.

Deshalb ist es falsch und gefährlich, wenn wir – bewusst oder unbewusst – Sündenböcke jagen und anderen die Schuld geben. Eine klare Analyse nicht nur aus Vernunft, sondern ebenso aus Glauben verbietet es, Menschen zu verteufeln und sich selbst auf ihre Kosten freizusprechen.

Gerechter Krieg?

Vergessen wir nicht: Das heutige Krisengebiet ist biblisches Land. Die Bomben und Raketen schlagen dort ein, wo Juden, Christen und Muslime ihre Ursprünge haben. »Zieh weg aus deinem Land, von deiner Verwandtschaft und aus deinem Vaterhaus in das Land, das ich dir zeigen werde« (Gen 12,1). So von Gott gerufen, brach Abraham aus Ur in Chaldäa im heutigen Irak auf und kam schließlich in das heutige Israel. In Abraham sehen Juden, Christen und Muslime den Stammvater ihres Glaubens, den grenzüberschreitenden Zeugen jenes Gottes, der das Heil aller Menschen will. Und gerade diese Nachkommen Abrahams sind nun in einen mörderischen Krieg verstrickt, den die einen heilig, die anderen gerecht nennen. Mochte früher die Lehre vom »gerechten Krieg« dazu dienen, die Wahl eines geringeren Übels angesichts eines größeren Unheils zu rechtfertigen, so kann dies spätestens heute nicht mehr gelten. Selbst Kriege, die nur verteidigen wollen, erreichen ihr Ziel nicht mehr. Zu unverhältnismäßig sind die schrecklichen Mittel selbst für einen »guten Zweck«, zu fürchterlich und unabsehbar die Folgen für die Betroffenen, die Völkergemeinschaft und die Schöpfung. Deshalb schreibt der Papst am Tag vor dem Kriegsausbruch: »Wir können nicht darüber hinweggehen, dass der Gebrauch von Waffen, insbesondere der heutigen hochqualifizierten Waffensysteme, neben Leiden und Zerstörung noch schlimmere und neue Ungerechtigkeiten hervorbringen könnte« (Brief an US-Präsident Bush vom 15.1.1991). Nicht der Sieg im Krieg, nur der Sieg über den Krieg schafft Frieden.

Am Persischen Golf geht es entscheidend auch um das Verhältnis von Erster und Dritter Welt. Wie viele Menschen aus ohnehin armen Ländern werden durch den Krieg noch ärmer? Wie viele haben schon Arbeit und Existenz verloren? Die muslimischen Söhne und Töchter Abrahams, gedemütigt durch eine lange Geschichte von Abhängigkeiten, melden ihre Rechte an. Kein Wunder, dass dann gar Diktatoren, an deren Händen Blut klebt, für Tausende und Hunderttausende zu umjubelten Führern werden.

Wir müssen uns fragen, warum wir bisher so wenig Interesse und Verständnis für die Situation und Lebensart der Menschen aus der Dritten Welt, auch der Muslime, aufbringen. Nur Gerechtigkeit in der Wirtschaftsordnung und in den Lebensbedingungen sowie das Wissen voneinander bewahren vor Selbstgerechtigkeit und schaffen dauerhaft Frieden.

Angesichts des grausamen Automatismus, mit dem der Krieg am Golf immer weiter zu eskalieren droht, ist Beten für viele die letzte Hoffnung. Mit gutem Grund. Aber viele von uns fragen auch: Hat Beten noch Sinn? Waren unsere Gebete vor Ablauf des Ultimatums umsonst? Die Ratlosigkeit kann so groß sein, dass das Gebet zusammenschmilzt bis zur letzten klagenden, ja anklagenden Frage: Mein Gott, mein Gott, warum hast du uns verlassen? Dennoch, dieser Klageschrei Jesu war und ist ein Gebet, und es ist nicht ohne Antwort geblieben. Wenn wir beten, trauen wir Gott mehr zu als uns. Wir machen uns Gottes Einspruch gegen die Mächte der Zerstörung zu eigen und halten den Glauben an den Lebenswillen Gottes für alle Geschöpfe unter uns wach. »Gott ist ein Freund des Lebens« (Weish 11,23). Wenn unser Gebet daran festhält, werden wir nicht in fatalistische Resignation versinken oder in träumerische Wunschvorstellungen entschweben. Beten ist kein Opium, sondern ein Akt des Widerstands gegen die Macht des Bösen. Wer betet, nimmt teil an Gottes Gewaltlosigkeit.

Was ändert das Beten? Nicht zuletzt uns selbst. Es schließt Gewissenserforschung ein für uns selbst und als Kirche. Wir können uns – soll das Gebet aufrichtig sein – nicht um unsere eigenen zerstörerischen Worte und egoistischen Taten herummogeln. Die Wende zum Frieden in Gerechtigkeit, die wir im Weltmaßstab erbeten, beginnt bei uns, im persönlichen Leben, im Verhalten der Kirche, in Wirtschaft und Politik, in der Gesellschaft im Ganzen.

Seit alters her sind Beten und Fasten eng miteinander verknüpft. Fasten heißt schöpferische Selbstbeschränkung, die unsere Gier zügelt, uns so viel wie möglich einzuverleiben, seien es Nahrung, Rohstoffe oder Macht. Wir dürfen unser Habenwollen nicht auf Kosten der Habenichtse ausdehnen. Wer fastet, lernt teilen, er muss nicht länger aggressiv seinen Besitzstand verteidigen.

Fasten und Teilen sind heute mehr denn je das Gebot der Stunde. Der Golfkrieg macht die armen Länder der Erde noch ärmer. Zur Bewältigung ihrer Schuldenlasten, Ernährungsnöte, Bildungsaufgaben und Umweltprobleme brauchen sie unsere solidarische Hilfe. Fasten ist kein Selbstzweck, sondern Selbstbegrenzung um der anderen und der ganzen Schöpfung willen.

Wir wollen deshalb mit dem Papst »für und mit allen Gläubigen der drei Religionen beten, die ihre historischen Wurzeln im Nahen Osten haben: Juden, Christen und Muslime. Der Glaube an den selben Gott soll dazu beitragen, durch Dialog und Verhandlungen die bestehenden Gegensätze zu überwinden. Möge die unendliche Liebe des Schöpfers allen helfen, die Absurdität eines in seinem Namen geführten Krieges zu verstehen« (Fürbittgebet vom 27. Januar 1991).

Zur Person: Franz Kamphaus

1932
Am 2. Februar in Lüdinghausen/Westfalen als jüngstes von fünf Kindern einer Bauernfamilie geboren.

1953
Abitur am Bischöflichen Gymnasium Gaesdonck/Niederrhein.

1953–1958
Studium der Philosophie und Theologie in Münster und München.

1959
Am 21. Februar Priesterweihe durch Bischof Michael Keller in Münster.

1959–1063
Vier Jahre Kaplan in Münster. Ein Jahr Vikar und Religionslehrer in Ahaus/ Westfalen.

1964–1968
Aufbaustudium in Münster, Promotion zum Doktor der Theologie (Thema der Arbeit: »Von der Exegese zur Predigt«).

1964–1982
Verantwortlicher für die Predigtausbildung im Bistum Münster.

1965–1970
Wissenschaftlicher Assistent an der Kath.-Theol. Fakultät der Universität Münster.

1970–1972
Akademischer Rat.

1971–1982
Leiter der Priesterfortbildung im Bistum Münster.

1972–1974
Wissenschaftlicher Rat und Professor für Pastoraltheologie/Homiletik.

1973–1982
Regens des Priesterseminars in Münster.

Seit 1974
Honorarprofessor des Fachbereichs Kath. Theologie an der Westfälischen Wilhelms-Universität Münster.

Seit 1982
Bischof von Limburg; Bischofsweihe am 13. Juni 1982 durch Joseph Kardinal Höffner.

1984–1988
Vorsitzender der deutschen Kommission »Justitia et Pax«.

1986–1991
»Jugendbischof« der Deutschen Bischofskonferenz.

1991–1999
Vorsitzender der Kommission für das Bischöfliche Hilfswerk Misereor.

Seit 1999
Vorsitzender der Kommission »Weltkirche« der Deutschen Bischofskonferenz.

Register

Bibelstellenregister

Gen 1,27 109, 111
Gen 1,31 36
Gen 2,7–9 51
Gen 3,1–7 51
Gen 3,16 110
Gen 12,1 151
Gen 17,1 82

Weish 11,23 153

Jes 53,3–4.10 92f
Jes 58,6f 136f

Mal 3,24 105, 121

Mt 4,3 31
Mt 4,4 32
Mt 6,24 41
Mt 8,20 141
Mt 25,35 142

Mk 10,35–45 98

Lk 4,1–13 40
Lk 4,5–7 41
Lk 4,8 42
Lk, 4,9–11 42
Lk 4,10f 43
Lk 4,18 30
Lk 24,31 20

Joh 1,11 141
Joh 3,8 127
Joh 14,6 57
Joh 19,37 37
Joh 20,27 93

Apg 17,28 40

Röm 8,19 54
Röm 8,21 54
Röm 8,22 54

1 Kor 3,22f 65
2 Kor 5,19f 74f

Gal 3,28 111
Kol 3,16 78

Eph 2,14 131

Hebr 12,2 83
Hebr 13,14 127

1 Joh 4,9 13
1 Joh 4,11f 13

1 Petr 2,11 142
2 Petr 3,13 139

Apk 1,9 89
Apk 2,7 98
Apk 3,20 83
Apk 21,3f 125

Personen- und Sachregister

Abraham 82, 85, 121, 151
Alter 50, 72, 95, 119ff
amnesty international 138
Angst 47, 52, 71, 73ff, 94, 111, 116, 140, 143
Arbeitslosigkeit 114, 131, 133, 140
Armut 25, 30ff, 94ff, 120, 130f, 136f, 153
Asylfrage 24, 140–144
Atheismus 9, 18, 22, 38f
Auferstehung 20, 76, 80, 93
Augustinus 76, 89
Autonomie 55

Bach, Ulrich 95
Befreiungstheologie 50
Berufung 82–85, 87, 90f, 100, 110, 113
Beuys, Joseph 92
Böll, Heinrich 35
Bonhoeffer, Dietrich 83
Buber, Martin 93

Camara, Helder 83
Caritas 38, 94–96, 112, 130, 132, 144, 146

Dalai Lama 45
Delbrêl, Madeleine 14, 18f, 23f, 27, 83
Delp, Alfred 20, 55f, 59, 83
Dienst 22, 80, 88, 95, 97f, 107, 112
Dom zu Limburg 38, 124–128
Dreifaltigkeit 64
»Dritte Welt« 31, 59, 73, 152

Ehrenamt 30, 89, 99f, 133f, 146
Eine Welt 134, 137
Erbsünde 37
Erlösung 37, 42, 68, 74, 110
Erneuerung 11, 16, 21, 62ff
Eucharistie 31, 64, 76–80, 88
Evangelium 9, 12f, 14ff, 23, 25, 30ff, 38, 74f, 84f, 90, 95, 135
Exil 15, 17, 121, 141

Familie 105f, 110, 114–118, 122f, 131, 142
Fasten 136f, 153
Foucauld, Charles de 83
Franz von Assisi 11, 25f
Frauenfrage 21, 62, 109–113, 123
Freiheit 38, 42f, 46f, 50–57, 85, 105, 107, 135
Friede 23f, 39, 86, 90, 106, 149f, 152f

Galilei, Galileo 58
Gebet 45–49, 77f, 109, 153
Gebot 50, 57
Gemeinde 22, 48, 70, 76ff, 80, 87ff, 95, 97–100, 112, 133f
Generationen 119–124
GEPA 138
Gerechtigkeit 23f, 26, 86, 106, 133, 139, 150, 152
Geschichte 37, 50, 52, 68, 73, 75, 81f, 124
Geschichte der Kirche 19ff, 23, 36, 38, 58, 76, 132
Gewalt 37, 53, 72, 135f, 140f, 149–152
Gewissen 11, 13, 38, 55–59, 69
Glaube 9, 13, 16, 19f, 34, 42f, 45f, 51, 63, 69, 82, 92f, 104, 116, 150f
Glaubensbekenntnis 10, 24, 36, 64, 66, 69
Gleichberechtigung 110f

Globalisierung 10, 22, 142
Glück 14, 109
Gnade 10, 13, 89, 93, 98
Golfkrieg 149–154
Gottebenbildlichkeit 52, 111
Gottesdienst 48f, 76–80
Götzen 40ff
Grundgesetz 35, 143

Hammarskjöld, Dag 18f, 83
Havel, Vaclav 23
Heil 39, 65, 89, 93
Herodes 141
Hitler, Adolf 57
Hoffnung 16, 18, 32, 38, 46, 72, 89, 94, 96, 106, 110, 138, 149
Holocaust 37, 150

Identität 34, 40, 132
Ijob 92
Inquisition 58
Integration 144
Israel 15, 17, 57, 92, 121, 150

Jägerstätter, Franz 83
Jeanne d'Arc 58
Jesaja 83
Johannes Paul II., Papst 11, 38, 83, 108, 111, 113, 136, 151f, 154
Johannes vom Kreuz 18f
Johannes XXIII., Papst 47
Josef 141
Jugend 50, 62, 104–108, 122

Katechese 48, 98, 112
kategorischer Indikativ 10, 13f
Kirche 11, 14ff, 20ff, 50, 58, 62–66, 77, 80, 82, 86, 94, 98f, 108f, 112, 117, 127f, 132, 142f
Kirchenkritik 11, 21, 63
Kolumbus, Christoph 135
Kreuz 37, 48, 75, 93, 116, 150
Krieg 149, 151f, 154
Krise 9, 22, 34, 69, 77, 89, 94, 97f, 145
Kultur 22, 62, 82, 105

Laien 79, 87ff, 99f
Leben 23, 32, 40, 43, 46, 50, 57, 67, 69, 72, 81f, 86, 115, 118, 145, 148
Leid 54, 92, 95f, 107, 114, 121, 130, 134f, 139–142, 145, 152
Liebe 12f, 18, 25, 35–38, 42f, 46ff, 72, 81, 84, 91, 109, 113, 116, 147
Lustiger, Kardinal Jean-Marie 9ff
Luther, Martin 18

Macht 41, 72, 111
Maria 83, 141
Mechthild von Magdeburg 18
Menschenwürde 34f, 38, 46, 56, 58f, 81f, 90, 109ff, 135, 143
Mittelalter 125
Mond 15f
Morus, Thomas 83
Muslime 152
Mystik 11, 19, 23f, 26

Nachfolge 74, 85, 141
Nacht 15f, 18ff
Nationalsozialismus 58, 132
Newman, Kardinal John H. 59

Offenbarung 57
Ökumene 19, 21, 96, 137
Origenes 16

Partnerschaft 117, 147

Paul VI., Papst 22
Paulus 74, 83
Petrus 83
Politik 11, 23f, 96, 105, 117, 120, 132f, 145, 150, 153
Postmoderne 13
Priester 65, 84, 86–91, 99f

Rahner, Hugo 15
Rahner, Karl 11, 19, 25
Ratzinger, Kardinal Joseph 64
Reich Gottes 21, 89
Romero, Oscar 83

Saint-Exupéry, Antoine de 86f
Sakrament 16f, 20, 64, 67, 74, 87f
Schöpfung 23, 26, 51, 54, 152, 154
Schuld 37, 54, 56, 72–75, 112, 116, 145, 151
Schuman, Robert 83
Schwangerschaftskonflikt 12, 24, 145–148
Seelsorge 69, 98ff
Sexualität 109, 147
Sinn 14, 31, 55
Solidarität 18, 23, 26, 78, 94, 115, 117, 122f, 131–134, 138
Sprache 55, 135
Sünde 75, 111
Sündenfall 51, 111

Taufe 66–70
Teilhard de Chardin, Pierre 41
Teresa v. Kalkutta, Schwester 83
Thérèse von Lisieux 18, 83
Tod 16, 25, 42, 50, 72, 76, 149
Tolstoi, Leo N. 81
Tora 57
Tradition 58, 78, 92, 97, 110, 116, 122, 133
Treue 10ff, 17, 26, 37, 56, 63, 69, 105, 127
Tucholsky, Kurt 46

Umkehr 139, 145
Umwelt 39, 52, 107, 121, 154
Ungerechtigkeit 53, 142, 151
Verantwortung 11, 72, 88, 90, 98f, 101, 115, 143

Vergangenheit 38, 119, 136, 124
Vergebung 38, 54, 75, 116
Verheißung 36, 112, 120f, 127, 139
Versöhnung 74f, 88, 106, 108, 115
Versuchung 34, 40ff, 68, 90, 136, 138f, 151
Vertrauen 31, 75, 89, 107, 115, 116

Wahrheit 13, 55–59, 105
Walser, Martin 45
Weg 32, 57, 85, 87, 93, 95f, 128
Weil, Simone 83
Werte 57f, 90, 97, 104f, 118, 122
Widerstand 69, 153
Wissenschaft 50, 53, 62
Wort-Gottes-Feier 78ff, 100

Zeit 25, 34, 76, 82, 88, 135
Zeitgeist 69
Zölibat 84, 87, 90
Zukunft 36, 79, 99f, 108, 114, 119f, 122, 124, 127f, 139, 145
Zulehner, Paul M. 115
Zweites Vatikanisches Konzil 20, 34, 56, 62, 79, 82, 87, 94